高效投资

个人投资者快速学习的投资方法

王家亮 著

机械工业出版社
CHINA MACHINE PRESS

《高效投资》是一本价值投资实战工具书。

投资纷繁复杂，但又大道至简，贵在知行合一。本书立足价值投资的思维和方法，结合作者投资实践经验，系统讲述了价值投资的思路和体系、定性和定量分析方法、估值分析、具体行业和企业的价值投资逻辑，并给出相应的资产配置策略和投资心理分析建议，力求让投资者在价值投资的路上少走弯路，找到高效的投资方法，获取稳健的正向收益。

图书在版编目（CIP）数据

高效投资：个人投资者快速学习的投资方法 / 王家亮著 . —北京：机械工业出版社，2022.1
ISBN 978-7-111-69902-6

Ⅰ.①高⋯ Ⅱ.①王⋯ Ⅲ.①私人投资-基本知识 Ⅳ.①F830.59

中国版本图书馆 CIP 数据核字（2021）第 261036 号

机械工业出版社（北京市百万庄大街22号　邮政编码100037）
策划编辑：李　浩　责任编辑：李　浩
责任校对：李　伟　责任印制：李　昂
北京联兴盛业印刷股份有限公司印刷
2022年4月第1版第1次印刷
145mm×210mm・9.375印张・3插页・204千字
标准书号：ISBN 978-7-111-69902-6
定价：88.00元

电话服务　　　　　　网络服务
客服电话：010-88361066　机　工　官　网：www.cmpbook.com
　　　　　010-88379833　机　工　官　博：weibo.com/cmp1952
　　　　　010-68326294　金　书　网：www.golden-book.com
封底无防伪标均为盗版　机工教育服务网：www.cmpedu.com

前　言

一生的投资计划

投资理财没有捷径，我们需要把它当成生活的一部分，在我们人生的不同阶段，投资理财都会伴随着我们共同成长。投资理财从来都不会雪中送炭，它只会锦上添花。我们必须认识到，只有认真做好本职工作，才能给我们带来可投资本金。《高效投资》是一本专门写给普通个人投资者的书，希望通过我个人的长期投资法，给投资者一些启示，帮助大家少走弯路。

我为什么要写这本书？

我就是个人投资者，深知咱们A股市场波动幅度极大，个人投资者在市场中会经历的各种难题我本人都经历过，这本书我把十余年的投资方法做了总结。对个人投资者而言，只要掌握科学的投资方法，就可以无惧市场波动，最终获取相应的收益。当然我的长期投资方法并不适用于所有人，如果本书的投资思路但凡对你有一点帮助，就达到了我写本书的目的。

本书分成了八章，按照从前往后的顺序，每章之间都是有一定逻辑联系的，希望您可以按顺序来阅读本书。

第一章是开启投资人生，先明确了我们在二级市场中到底赚的是哪种钱。因为投资理财会伴随着我们一生，所以必须遵守基本的规则，其中五条守则希望大家可以足够重视，毕竟只有一直存活下来，才能在二级市场中获得收益。重新认识投资的意义和理解时间的价值，可以让你的财富不断翻倍。

第二章是定性分析，我从两个维度讲解了周期和商业模式，从周期角度来看待整个市场，可以让你的眼界比别人更宽广。理解了商业模式，可以让你快速地去找到哪些企业才是可以真正给投资者和社会带来价值的优质企业，建立自己的优质企业备选池。

第三章是定量分析，主要就是企业的三张报表，本章也只是把现金流量表、资产负债表、利润表最重要的项目做了讲解，更深入的财报分析还需要单独专题讲解。

第四章是给企业定价，通过基本的估值方法，让大家可以多掌握一种工具来做投资决策。

第五章和第六章是行业赛道分析和投资企业分析，我会站在行业分析和企业分析的角度分享如何做具体投资分析，这一部分随着行业和企业的发展，也会不断地与时俱进。

第七章是资产配置的重要性，因为投资理财是一辈子的事，我们人生的不同阶段就需要匹配不同的资产配置方案。随着你的资产不断增值，你需要通过多种投资标的来构建自己的投资组合。

第八章是投资要有一颗平常心，投资过程中不可避免地会经历到回撤、市场剧烈波动，所以良好的投资心态显得至关重要。

最后，我总结了一份优质企业名单，我会一直在投资理财的实践中跟着大家一起稳扎稳打，慢慢变富。

目 录

前 言

|第一章|开启投资人生|

第一节　我们在二级市场中要赚哪种钱　002

第二节　投资必须遵守的五条守则　004

第三节　享受长期稳定的收益慢慢变富　010

第四节　我的投资底层逻辑及优化方法　015

第五节　重新认识投资的意义　021

第六节　理解时间的价值　024

第七节　我的长期投资账户　029

|第二章|定性分析：如何具备发掘价值的能力|

第一节　投资第一步：尊重周期　034

第二节　抓住企业的核心：商业模式　037

第三节　商业模式的三大要素　043

第四节　企业的竞争壁垒　053

第五节　企业的成长空间　062

| 第三章 | 定量分析：利用财报发掘优质企业 |

第一节　现金流量表是企业的命脉　068

第二节　资产负债表是企业的动态　076

第三节　利润表是企业的原动力　087

第四节　活用三张报表打通任督二脉　095

| 第四章 | 给企业定价：估值其实很简单 |

第一节　绝对估值法　107

第二节　相对估值法　109

第三节　揭秘巴菲特的估值方法　116

| 第五章 | 行业赛道分析 |

第一节　大消费行业　120

第二节　医药行业　133

第三节　中医药行业　138

第四节　医疗器械行业　143

第五节　医美行业　148

第六节　芯片（集成电路）行业　151

| 第六章 | 投资企业分析 |

第一节　贵州茅台　160

第二节　万华化学　173
第三节　海天味业　185
第四节　海康威视　197
第五节　伊利股份　207
第六节　东方财富　220
第七节　恒瑞医药　231

|第七章|资产配置的重要性|

第一节　常见的投资工具　244
第二节　给刚进入职场的朋友的资产配置建议　250
第三节　给已经有一定存款的朋友的资产配置建议　255
第四节　给已经拥有大量存款的朋友的资产配置建议　261

|第八章|投资要有一颗平常心|

第一节　巴菲特是如何面对回撤的　270
第二节　巴菲特如何构建自己的长期投资计划　280
第三节　避开墨守成规的价值投资　283
第四节　享受投资，热爱生活　286

|附录:|优质企业名单|

第一章 开启投资人生

第一节　我们在二级市场中要赚哪种钱

进入二级市场（证券交易市场）之前我希望大家先明白一个看似简单却非常重要的问题，因为它关乎你的投资底层逻辑。

二级市场中我们要赚哪种钱？我相信一定有人会说赚的钱就是股价波动的钱，低价买入，高价卖出。上来就解答这个问题，其实预示了我们未来若干年的投资底层逻辑。先来看一组公式：

$$股价 = 每股收益 \times 市盈率$$

$$企业市值 = 企业净利润 \times 市盈率$$

上面这组公式可以简单直接地告诉我们，一家企业的市值由两方面决定：一方面是企业的净利润，另一方面就是企业的估值。

企业净利润的提升需要靠企业自身的业绩增长来支撑（涉及企业的商业模式、成长空间、管理团队、竞争壁垒等），企业估值的提升需要靠市场参与者来完成定价。因此，股票交易的根本就是：企业本身的业绩 + 市场给予的估值。

你可以这样理解，一家企业上市初期因为得到市场投资者的认可，投资者会给出非常高的估值，从而带动股价上涨，有时甚至可以说是疯狂上涨，这样的企业在我们 A 股有很多，例如乐视（之后发生的事你我都知道）。

但随着市场投资者越来越理性，企业最终还是要回归到主营业务，随着季报、年报被陆续披露，企业要上交销售业绩的成绩单，如果业绩增长不及预期，那再高的估值最终也会回归到企业的内在价值本身，最终的结果都会体现在二级市场的股价里。

第一章　开启投资人生

在股票市场中你首先需要确定你属于哪种人，你要赚哪种钱。

在股票市场中淘金的人很多，有的人把股票当公司来买，依靠公司的业绩来获取收益。这种属于股权思维，代表人物就是巴菲特。一旦持有了伟大企业的股票，只要企业自身的基本面没有改变，他就不会放手。巴菲特认为，伟大企业永远都不要卖出。

更多人把股票当成一种金融资产来交易，依靠经济周期对资产价格的估值影响来获取收益。例如，根据"美林时钟"，经济复苏期购买股票，经济衰退期购买债券，经济萧条期持有现金，经济过热期购买商品期货。

还有一种人是把股票当成"押大小"来买，通过加杠杆重仓寻求一夜暴富的机会。

除了最后一种人我实在无力帮助，前两种人只要掌握了科学的投资方法加上心态的磨炼，我相信都会在二级市场中获得属于自己的投资收益。

在这本书里，我不想过度吹捧巴菲特老先生的价值投资，我相信大家对价值投资已经被教育过度了。更有甚者，一旦股票被套就会安慰自己这是价值投资。我只想通过我自身的投资经历，一个普通人的投资经历，展示如何通过科学的投资方法在二级市场中获得属于自己的超额收益。

我个人更偏向寻找优秀的商业模式，从而找到伟大的企业，通过企业自身业绩不断增长（3年、5年、10年），从而传导至二级市场的股价也不断翻倍（5倍、10倍、30倍）。

我不提倡普通投资者像巴菲特一样一直持有股票永远不卖，而是在一定的时间周期内获取超额收益。我相信企业的周期性，再优秀的企业也无法抵抗经济周期的调整,按周期性持有更适合我们普通投资者(真的不要过度迷信权威,还是要独立思考,毕竟普通投资者不像巴菲特有源源不断的低成本现金流入到账户中)。

我的方法也可以理解为以巴菲特投资思想为基础,经过改良的适合中国人的"长期投资方法"。我自己也在2012年创立了"长期投资账户",这个账户的投资标的就是按照我的"长期投资方法"来选的。

这种方式是我发现的最适合普通投资者通过二级市场获取超额收益的"笨方法"。当然,关于通过不同资产的低估来创造自己的投资组合,我也会在本书资产配置章节中进一步具体讲解。两条腿走路,通往的都是一个目标:股票增值,慢慢变富。

在投资的世界里我们需要独立思考,不要过度迷信权威,投资方法没有对错,只有适合自己的才是真正的好投资方法。

我会在第二节讲一下投资的守则,有些事永远不要做!人生的时间有限,最好可以少走弯路。

第二节 投资必须遵守的五条守则

不管你是刚进入股市的新人,还是已经在股市中被磨得没有脾气的"经验"人士,都请认真看完这一节,并且在之后的投资生涯中,坚决执行。

守则一:永远不要动用杠杆

二级市场中短期内股价如何变动是无法被有效预测的,动用杠杆去交易只会让你处在无法预测的被动中。一旦短时间内股价发生剧烈波动,你的本金就会出现巨大的损失,最糟糕的情况,有可能资产归零。

盈亏同源,其实我最担心的就是有朋友通过加杠杆真的在短时间内获得了成倍的收益,让他发现了快速积累财富的"新大陆",从此误入歧途。有很多错误的路真的不需要我们浪费时间去走,请记住在二级市场中不要使用杠杆。

对于杠杆的危害,巴菲特在致股东的信中是这样陈述的:"在我看来冒着搭上自己身家的风险去换取不属于你的东西(暗指加杠杆)实在是疯了,就算在这种情况下令投资净值翻倍,也不会感到开心。"随后他引用了老搭档查理·芒格的话称,令聪明人破产的三个方法是:酒、女人和加杠杆。其中酒(Liquor)和女人(Ladies)只是因为以 L 打头用来"凑数"的,真正危险的只有一个,那就是加杠杆(Leverage)。

巴菲特在致股东的信中是这样写的:"伯克希尔公司本身就极好地说明了短期的价格随机波动,可能掩盖长期的价值增长。在过去的 53 年当中,伯克希尔通过将盈利再投资、让复利奔跑,创造了奇迹。但是,伯克希尔的股票也经历过四次重挫。这就是借钱持股风险的最有力证据,即短期内无法预测一只个股的跌幅深浅,并且这种跌幅与其长期价值无关。"

守则二:不要过度迷恋权威

请记住,在二级市场中没有任何一位投资专家(包括巴菲特)说的任何话和投资的任何标的是永远正确的。再优秀的投资大师都有犯错的时候(投资大师正确的概率远远高于普通人)。

所以我们必须克服过度迷恋权威。权威可以被学习，但不能被过度迷恋。

说到这就要提到我们人类的本性。人类是群居动物，在社会关系和分工中，我们天然就要服从一小部分人领导，这部分人就是"权威"。这是我们人类本身遗传下来的固有基因，所以要做好投资一定要克服过度迷恋权威这个人类本性。

随着自媒体的兴起，微博、公众号、雪球等各大平台涌现了很多优秀的财经大V，每天跟大家分享自己的投资感悟。这确实极大地方便了很多刚入门的投资者跟踪和学习，但是请一定培养自己独立思考的习惯，通过学习和分析，不断提高自己的投研能力，毕竟只有自己才会对辛苦挣的血汗钱负责。

现在通过各大平台，你也可以轻松看到很多优秀的基金经理，甚至包括国际知名的私募基金持仓。最近非常流行"抄作业"，其实"抄作业"这件事可以帮助我们缩小投资范围，但具体的建仓位置和仓位管理以及投资组合还需按自身情况来排兵布阵，毕竟每个人对市场波动的承受力是不同的。每个人在股市中都是独立的个体，股市中没有什么救世主，想在二级市场中存活，并且还要获得收益，只能让自己不断强大起来，最靠得住的只有自己。

守则三：不要想着快速暴富

我相信很多人投身股市，想的都是快速完成财富积累。如果你有这个想法，我想问你几个问题。在现实生活中你的工作完成得如何？你在实体工作中赚到让你满意的财富了吗？如果没有，那你认为自己具备什么样的能力可以在二级市场快速致富呢？二级市场的复杂程度远远超出你的认知。

查理·芒格曾说过，假设在你面前有一个非常棒的投资机会，在可见的未来肯定能获得12%的年化复合收益率，但是要求你从此不再接受别的赚钱更快的机会，大部分人是不愿意的。但总有人赚钱比你快、跑得比你快，或者别的比你快。从理性的角度思考，一旦你找到了一个行之有效的赚钱方式，还非要在意别人赚钱比你快，这在我看来就是疯了。

芒格说："连续40年每年回报率20%的投资只存在于梦想之国。是的，从超长期讲，在我们自己的整个投资生命周期内，投资的年化复合增长率如果能够保持在12%，那就相当令人满意了。除此之外，我们如果还非要想去赚快钱，说不定就真要疯掉！"

希望大家进入二级市场之前放弃快速致富的想法，因为99.9%的人无法达到。请记住一句话：在二级市场中慢就是快，要看长远的稳定收益，远离短期暴富陷阱、保住本金不损失才是王道。

守则四：不要过度追逐热点板块

热点可以跟踪和学习，但请不要过度追逐热点。A股市场从来就不缺热点板块的炒作，如果站在热点板块的角度来看，我更希望你可以通过提升自己的投研能力去找到有哪些板块中长期有上涨潜力，最终成为热点板块，提前建仓布局，用时间换空间，获得超额收益。

2020年新冠肺炎疫情来临，原油价格大跌，其中原油期货因为移仓换月还出现了负值（市场随时都会超出你我的认知），所有人当时都谈原油色变。

2020年7月我开始分批建仓嘉实原油、南方原油、华宝油气和诺安油气。建仓时间从2020年7月一直持续到了10月中旬，后面发生的事情我相信很多人都知道了，2021年3月各大券商和媒体开始提倡顺周期行业。2021年上半年全市场8490只基金（包含所有基金）收益排名第一的是华宝油气、第五名的是诺安油气，嘉实原油排名第十二，南方原油排名第十七。

以上全过程，从分批建仓到分批卖出兑现收益，跟投营中的1200名小伙伴是亲历者。1200名小伙伴共同经历了分批建仓时的账户浮亏、回归成本线以及最后连续几个月的爆发上涨。当热点板块开始被全市场关注，吸引更多投资者进入时，我们已经开始陆续卖出了。一定不要养成过度追逐热点板块的坏习惯，要去跟踪和学习，培养自己发掘将来可以成为热点板块的潜在标的的能力。

守则五：不要把市场的情绪带入自己的生活

这一条我之所以放在最后讲，是因为普通人真的很难做到不被情绪影响。人类就是有着七情六欲的动物，是活生生的人，是人就会被情绪影响，尤其是当你处在二级市场，手里持仓的标的出现大幅下跌，远远超出了你的预期，甚至已经到了无法控制的地步时。

举个极端的例子：如果你在2020年11月建仓了中公教育，2020年11月5日中公教育的最高点是43.58元，截至2021年8月13日收盘价是11.82元，股价已经下跌了72.8%，假设之后可以上涨回到最高点，甚至再创新高，但是这个下跌幅度也是让持仓者怀疑人生的，尤其你要是重仓这个标的，这几个月的日子应该过得很不顺。

又或者你说个股太危险了，我选择基金安全系数更高，那我还是举个极端的例子：如果今年你选择了教育 ETF 这只场内交易的指数基金，从最高点下跌了 48%，只用了不到两个月的时间，效率就是这么高。

当然，我举的例子比较极端，毕竟谁也不至于运气这么差，一直踩雷。但当你遇到了市场大幅波动时，这个时候你的情绪已经陷入了谷底，说不要影响你的生活和工作那都是假大空的毒鸡汤。如何通过科学的方法，适度地减缓这种市场波动给我们带来的情绪压力呢？

最好的应对方法就是坦然面对最坏的市场，你需要知道在最坏的情况下市场到底会下跌多少（当然是以前发生过的历史数据）。这样不会因为自己的无知，天真地以为下跌 30% 就是极限了（周期性强的行业＋杠杆最多可以下跌 85%，中国平安在 2008 年金融危机的时候就有过这样的下跌幅度，招商银行也是）。有了最坏的心理预期，接下来就要去按照自己的能力圈，选择适合自己的投资标的，这部分我会在后面的章节逐步展开。

对待二级市场永远不要过分乐观，尤其是市场沉浸在一片祥和气氛中时，这个时候反而需要警惕（后面我会通过市场和行业估值教你如何判断市场的状态）。当市场死寂沉沉，周围的人跟你说一辈子都不要投资股票了，此时的担忧反而需要解除，按照自己的投资体系去重新评估投资组合，慢慢进场。

真心希望大家不要被市场情绪影响到工作和生活，生活本来就不容易了，请善待自己，关爱家人。

第三节　享受长期稳定的收益慢慢变富

很多进入二级市场的投资者都想获取超额收益,并通过各种途径(微博、雪球、公众号、书籍、线下股票培训班等)学习"神奇"选股方法,希望找到超级大牛股,并在短时间内获取超额收益。

我要在本书中明确一下对投资时间的界定,书中讨论的所有方法都是建立在长期这个投资时间范围内,是按年计的,因为短期市场走势无法预测,获胜概率极低,甚至很多时候需要靠运气,跟你去赌场"押大小"本质上是一样的。

投资时间上我们都统一为长期,至少3~5年为一个周期,部分行业可以延长到10年,超过10年的先不讨论,毕竟很多优质的伟大企业10年后如何现在还很难判断,我们需要按季度、按年度去检查企业的运行状况。

我们先来看在二级市场中长期收益表现最好的五位投资大师的成绩(见图1-1)。

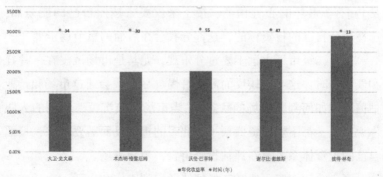

图1-1　五位投资大师的年化收益率对比

第一章　开启投资人生

我们最熟悉的巴菲特在他长达 55 年的投资生涯中，获得的年化收益率是 20%。在这 55 年里，巴菲特只有两个单一年份收益率为负，其余都为正。彼得·林奇的数据看起来最好，年化收益率达到了 29%（这个收益率可能连有些朋友自己的预期都没达到），但他的高收益率对应的是投资时间最短，只有 13 年。

随着时间的延长，年化收益率也会下降。巴菲特在长期投资中是无法逾越的（至少目前是）。20% 的年化收益率，滚动 55 年后，一个人的资产能涨 22644.8 倍，巴菲特做到了，这是非常可怕的复利增长。复利的威力目前已经得到了极大的普及，我在本书中就不用篇幅来单独讲解了。

美国的二级市场历史悠久，我们来看一下美国近 200 年的各大类资产历史收益率。

如图 1-2 所示，1802 年到 2002 年美国权益类资产（股票）实际年化收益率是 6.6%，加上通货膨胀的数据，名义的年化收益率大约在 8.2%。债券的实际年化收益率是 3.6%（表现仅次于股票），短期国债的实际年化收益率是 2.7%（目前为止风险相对最低的投资标的），黄金的实际年化收益率只有 0.7%，美元的实际年化收益率是 -1.4%。

通过以上美国近 200 年的资本市场各大类资产的年化收益率可以得出一个结论：长期持有权益类资产（股票）的收益是最高的，其次是债券，以黄金为代表的大宗商品资产和以美元为代表的货币资产不建议长期持有（可以通过资产配置在一段有效时间内持有）。

我相信很多朋友乍一看美国这 200 年的权益类资产实际年化收益率只有 6.6%，会觉得有点低。我们来算个账，首先看权益类资产相比于其他类别资产的收益率。

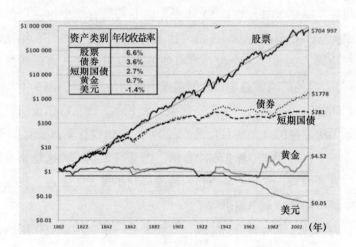

图1-2 美国近200年的各大类资产历史收益率

从长期来看,权益类资产的收益率明显高于其他大类资产。而且经过200年的复利滚动,整体的回报已高达百万倍。如按名义的年化收益率大约在8.2%,时间设定为200年,通过复利计算本金设定为1美元,最终的回报值是7005709.97美元。是的,你没有看错,回报约700万美元。本金已经翻了700多万倍。收益最惨的是美元(货币),自1802年以来,美元的购买力平均每年下跌1.4%。所以如果任何资产都不配置,只持有现金,才是最不明智的选择。

最后我们看一下咱们A股市场的收益率表现如何。A股的历史较短,股票型基金成立时间超过10年,并存活至今的有200多只。以下是2009年以及之前成立,并存活至今的基金的年化收益率分布情况。

从图 1-3 中可以看出，对于 A 股成立时间较长的偏股型基金，一半以上的年化收益率均不足 15%，大部分集中在 9%~14% 区间，且极少数基金才能够获取 20% 以上的年化收益率。

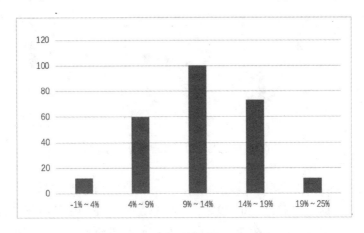

图 1-3　不同业绩区间的基金数量

以上我们通过对世界级投资大师、美国近 200 年的二级市场和咱们偏股型基金的年化收益率统计做个小结：巴菲特 55 年间年化收益率为 20%，美股 200 年间年化收益率为 8%，A 股近 10 年基金年化收益率主要在 9%~14% 区间。

我相信很多进入 A 股投资的朋友，所追求的投资收益预期是高于后两者的，即使是股神巴菲特的收益率，也未必能满足你的收益预期。

为什么这些投资者会有这样的预期偏离呢？难道是市场中真的存在大量的超额收益高手吗？我们还是先来看一组数据，通过这组数据来解答上面的疑惑，如图 1-4 所示。

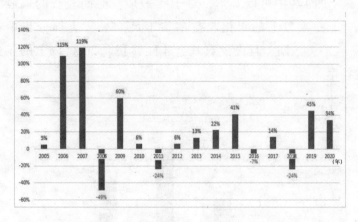

图1-4　偏股混合型基金指数每年涨跌幅

2006年和2007年因为股市上涨，偏股混合型基金指数涨幅达到了惊人的115%和119%，人们总是喜欢在牛市的时候关注市场，对收益的印象也总是停留在那些收益最好的年份。近两年，A股的偏股混合型基金指数收益率都超过了30%。

2020年新冠肺炎疫情到来，A股于3月中旬到4月初下跌到了谷底，随之迎来了一轮上涨行情，核心资产疯狂上涨，让很多购买股票或者基金的投资者收益颇丰。尤其是刚入市的"小伙伴"会天真地以为在A股挣钱真的太容易了。很多A股投资者渐渐习惯了市场的高额收益，对收益的预期也就跟着水涨船高了。但如果我们着眼更长的时间周期就会明白，任何高收益，都很难一直持续下去，市场90%的时间是在下跌和震荡。

紧接着，市场就狠狠地给我们上了一课，2021年2月开始，多只优质白马股暴跌，顺丰从最高124.70元（2021年2月18日）下跌到54.39元（2021年7月28日），中国平安从最高

94.62元（2020年11月30日）下跌到52.36元（2021年7月27日），贵州茅台从最高2627.88元（2021年2月18日）下跌到1525.50元（2021年8月20日）。很多优质企业股票的股价甚至腰斩，只有部分企业很快反弹，但更多企业的股价还在震荡下跌中。

所以，我们需要保持理性和客观，及时调整自己的收益预期。下一节我会重点讲解我是如何选择自己的投资底层逻辑及优化方法的。

留个作业：如果我们把在二级市场中的长期投资设定为是一生要持续做的事业，跟吃饭睡觉一样是我们生活中必不可少的，那么你是否有自己的长期投资规划呢？如果有，那又该如何做好相对科学的长期投资规划呢？请关注我的微信公众号"亮叔财富观"，回复关键字"长期投资计划"提交你的作业。

第四节　我的投资底层逻辑及优化方法

这一节我需要跟大家分享什么是投资底层逻辑，如何按照自己的个人情况去选择属于你的投资底层逻辑，我还会讲解适用于我的优化方法。为什么选择投资的底层逻辑这么重要？

投资底层逻辑是投资系统的基石（基础），不同的投资底层逻辑决定了你后面如何选择标的，何时建仓，仓位管理，什么时候卖出，怎么卖出，是一次性完成还是分批卖出等一系列具体操作。

投资底层逻辑可以分为三大类：第一类，价值投资代表人物巴菲特；第二类，趋势投资代表人物索罗斯；第三类，量化投资代表人物詹姆斯·西蒙斯,如图 1-5 所示。

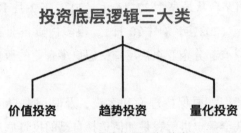

图 1-5　投资底层逻辑分类

第一类:价值投资

巴菲特是价值投资的代表人物,他在长达 55 年的投资生涯中,获得的年化收益率是 20%。他的投资底层逻辑:关注企业未来的价值,这家企业在未来到底可以带来多少利润,陪伴伟大企业共同成长,获取超额收益。

巴菲特就是典型的股权思维,市场短期的波动在他看来是无序的,更是无法预测的,不需要消耗精力在股价短期变动上,尤其所投资的企业股价下跌反而让巴菲特可以捡到便宜的筹码继续加仓,甚至买下整家企业。

如果股价大幅上涨,按照巴菲特的投资底层逻辑反而不会加仓,因为企业的股价超过了企业的内在价值,不值得继续追加投资。

巴菲特的投资底层逻辑专注于企业的内在价值,这是价值投资的基石。内在价值是一个非常重要的概念,它提供了评估投资和企业相对吸引力的唯一逻辑路径。内在价值的定义也很简单:一家公司的内在价值是其存续期间所产生现金流的折现值。但是，对于内在价值的计算并不简单。内在价值是一个估计值，而不是一个精确的数字，这个估计值应该随着利率的变化或未来现金流的预期修改而改变。

任何人计算企业的内在价值都会加入自己的主观意识（跟每个人的认知能力有关），所以不管是个人还是研究机构计算出来的企业内在价值都会不同（券商研究报告的估值大体看看就行，不要完全信任）。

以下是我对企业内在价值的计算方法。

你可以理解为通过内在价值的计算得到的不是一个精确值，而是一个相对区间。通过A企业的未来现金流折现，计算出了一个数值A。通过计算调整还会得出数值B，不能轻易地认定A或者B其中之一的结果就是精确的企业内在价值，而要尽可能地淡化精确值，把企业内在价值落到一个区间内，例如35~42。按照这个区间去安排自己后续的投资策略。当然，即便按照这个区间去执行我们的后续投资也还是会出问题，二级市场的魅力就在于永远都会给你制造惊喜，超出你的预期（有时也可以理解为惊吓）。

价值投资的底层逻辑决定了像我这样的投资者喜欢市场下跌，尤其是暴跌、大熊市的到来，甚至是金融危机（但还是希望尽量少发生）。

因为在下跌的股市中，我可以用更低的价格建仓优质企业，优质企业大部分时间都是溢价很多的，便宜的时间很少，到了位置就要珍惜。

讲到这你一定以为我是巴菲特的拥护者，是价值投资者，跟很多巴菲特信徒一样提倡价值投资理论。

还记得我让各位朋友们必须遵守的五条守则吗？其中一条：不要过度迷恋权威，我希望大家可以做到。我也在身体力行地去执行。我的投资底层逻辑来源于巴菲特的价值投资，但是我做了适度的优化，让这个投资底层逻辑更适合我，也更适合咱们的A股市场。

我非常认同巴菲特选择企业的标准，这部分内容留到第二章定性分析章节具体展开。对于内在价值的计算，我研究出了适合我自己投资逻辑的具体实操方法，对于持有时间我也没有执行巴菲特的永久持股策略，我按企业的周期来划分持股时间，可以暂时分为3~5年一个周期，少部分企业可以按10年来规划持有。10年以后的计算难度太大，我目前为止还没有找到任何科学方法可以看到一家企业10年后的经营情况。

第二类：趋势投资

索罗斯是趋势投资的代表人物，索罗斯一生的兴趣都在哲学。他认为市场是由人组成的，而市场的价格是由人的认识（包括正确的认识和错误的认识）决定的。索罗斯很善于把握人性的弱点。如果你看过《金融炼金术》的话，你一定对"反身性"这个词很熟悉。索罗斯认为，"只有在市场价格影响了被认为反映在市场价格上的所谓基本面的时候，盛衰过程才会出现"。寻找并抓住这样的机会，是索罗斯的投资底层逻辑。

如果索罗斯发现了正控制着市场的反身性过程，并且这种趋势会延续一段时间，而价格将变得比大多数人所预测的价格要高得多，他就会扣动扳机，开始进攻。

接下来，如果这只股票涨了索罗斯可能会大幅加仓，因为市场先生给予了他正确的回应，证实了他的假设。如果这只股票跌了，索罗斯可能会全线撤退，因为市场先生在告诉他，他可能错了。

索罗斯的反身性理论是他对市场先生反复无常情绪波动的解释，也让索罗斯拥有了一种可以解读市场先生大脑的能力。在他的投资底层逻辑里，收益是从市场先生的情绪波动中获利。因此，市场先生是他最好的朋友。索罗斯对市场先生有独特的感觉，能够预测到市场的下一步走向，并试图从这种趋势中获利。

索罗斯的趋势投资策略更多地远离企业在商业世界的真实运行模式，关注点放在了二级市场股价波动的预测中。你可以这样理解，当索罗斯预测出A标的要上涨，他会拿出一部分筹码建仓，尝试证实自己的预测，一旦A标的开始上涨，他会毫不犹豫地继续加仓，但是一旦A标的下跌，他会告诉自己预判错误，需要止损离场。

我必须肯定索罗斯是天才，他是伟大的。索罗斯的投资底层逻辑更适合商品期货市场和外汇市场，股票市场我更认可巴菲特的投资底层逻辑。

所以，我们一定要养成独立思考的能力，不要人云亦云，每个方法都有自己的优势和适合的市场，我们要做的就是找到适合自己的方法，然后不断优化让获胜概率变大，这样你就会有一个超出市场平均值的优秀收益率。

第三类：量化投资

1988—2019年，西蒙斯的大奖章基金的年化收益率为39%（费前收益率则是66%！该基金收取5%的管理费和44%的业绩激励，规模为 100 亿美元），与之相比的是巴菲特的伯克希尔·哈撒韦在 1965—2018 年的年均收益率为 21%，索罗斯旗下量子基金 1969—2000 年的年均收益率是 32%。

量化投资是指通过数量化及计算机程序化方式发出买卖指令，以获取稳定收益为目的的交易方式。量化投资在海外已有 30 多年的发展历史，其投资业绩稳定，市场规模和份额不断扩大，得到了越来越多投资者的认可。

从全球市场的参与主体来看，按照管理资产的规模，全球排名前六位中的五家资管机构，都是依靠计算机技术来开展投资决策的，由量化及程序化交易管理的资金规模在不断扩大。所以，量化投资需要投资者除了要具备二级市场的金融知识，还要有深厚的数理基础，并懂得编程语言和适用于金融资产的交易算法。

目前，在我们国家很多海外求学归来的学子们，回国后组建了量化投资团队，量化投资在我们中国市场也才刚刚开始不到 10 年的时间。这些团队主要集中于香港和上海。香港市场有更多的金融衍生品可以加入量化投资组合里，更适合量化投资团队的发展。

我希望通过这一节你可以明确自己的投资底层逻辑，因为只有确定了你自己的投资底层逻辑，才能指导你接下来的一系列具体交易操作。

例如，巴菲特认准的企业，越是下跌他越加仓，这跟他的投资底层逻辑相一致。反之，索罗斯预测标的上涨，但是价格出现下跌，他不但不会加仓，还会选择止损离场。所以，投资者一定要在进入二级市场的初期就确定好自己的投资底层逻辑。

当然你也可以用少量资金去尝试，看看自己到底适应哪一种投资底层逻辑。我知道让一部分人耐心持有一家企业的股票真的很难,因为他们骨子里更适合索罗斯的趋势投资底层逻辑。

第五节　重新认识投资的意义

这一节我不想开场用高大上的毒鸡汤来道德绑架,把投资的意义烘托得多么高不可攀。对于我们普通人,投资的意义就是可以获得收益,让自己和家人可以过上舒适的生活,当物质需求得到满足后有能力回馈社会,帮助有需要的弱势群体。以上对投资意义的解释过于直白和接地气。下面我想通过国家发展的角度让你站在巨人的肩膀上重新认识"投资的意义"。

我们先来看一个经济指标:GDP(国内生产总值)是一个国家(或地区)所有常住单位在一定时期内生产活动的最终成果。GDP是国民经济核算的核心指标,也是衡量一个国家或地区经济状况和发展水平的重要指标。随着社会的发展,人类的生存和发展及其需求的不断增长,推动着GDP的持续发展。

纵观人类发展史,特别是近现代史,可以清楚地做出判断,人类社会所创造的产品和服务总量是持续增长的,偶尔也会出现极端情况,导致经济衰退,但长期方向是稳步上升的。

国民经济是人的生产劳动成果,也由人及其组织分享。

如果按照参与创造和分享GDP的主体区分,它由四个部分组成:

(1) 中央政府和地方政府的税费。
(2) 参与GDP创造的个人的收入。
(3) 非营利部门获得的捐赠和服务部门提供中介服务的

费用。

(4) 企业的盈利。

随着国家的不断发展,各行各业都需要优秀的企业来完成相应的分工,提供社会成员需要的产品和服务。

例如,家家户户需要空调,就出现了格力、美的这样的企业;人们需要金融服务,就出现了招商银行、东方财富、中国平安,人们需要购买免税产品,就孕育了中国中免;中国的近视人数排在世界前列,就出现了爱尔眼科这种专科连锁医院;中国人离不开酱油这种调味品,就出现了海天味业。以上都是随着中国经济发展,各行各业都需要有相应的企业来满足社会成员的需求。这属于大势所趋,即便没有以上我们熟知的企业,也会有其他企业来顶替它们满足大众的需求。

讲到这里,大家有没有什么疑惑?为什么都以企业的形式存在,难道不能以其他形式来完成相应的产品和服务交付吗?

人类社会发展到现在,企业这种形式是人类社会发展中自然选择的结果。因为企业可以使效率最大化,以最低的成本来满足大众的需求,你可以理解为企业这种形态是最经济高效的组织形式。

如果把一个国家的所有企业看作一个整体,这个整体不仅能够分享国家发展带来的利润,而且所分享的利润是持续增长的(只要相信国家不断发展,相信国运)。

在现代经济中,一个国家 GDP 的 80% 左右是由企业创造的,且企业的盈利能力高于个人和中间组织。所以想要获得国家发展、经济增长的红利,就要去拥抱可以满足社会需求的好行业好企业,进而通过企业发展获得企业利润的收益。这才是投资的意义。

第一章 开启投资人生

刘元生先生投资万科的经典案例就是投资意义的典范。当然，刘元生的投资是看重了王石，相信王石可以管理好万科这家企业。我从另外一个角度来看，刘元生先生的投资是乘上了中国房地产行业这列高速发展的"高铁"，让他的这笔投资获得了中国房地产发展的超额收益。

以下内容是刘元生先生在深圳接受万科 TV 的采访，内容是我重新整理的，对原始内容有删减。

刘元生在 20 世纪 70 年代末认识王石。那个时候，他在广州友谊剧院演出小提琴协奏曲《梁祝》，王石来听，二人就认识了。1983 年他们开始合作。当时王石经常来香港，刘元生跟王石谈了很多国外的成功企业家、成功公司。王石很有兴趣。

刘元生说，当时王石给他特别深刻的一个印象就是：不像一般去香港的内地人，喜欢吃吃喝喝，喜欢玩，而是去图书馆或书局，买很多书。这一点让刘元生觉得王石很特别，跟一般人不一样。后来王石对万科进行股份化改造，刘元生想鼓励他，希望他成功。当时刘元生买了 360 万股万科，在 1991 年正式上市之后，万科很快涨到七八元，后来涨到 20 多元，很多朋友就卖掉了。不过通过 IPO 上市捞一把并不是刘元生的目的，他不是想赚快钱，不是想投机，所以基本上就没动，还是希望这家企业能够长期做下去，能够更成功。当时也没有想到规模能够做这么大（任何人都会有局限性，我们也要接受这种局限）。

现在刘元生仍然把这些股票稳稳拿在手里，因为他觉得，万科的潜力还没有完全发挥。但是这名超级散户不像其他投资者那样整天关注行情，而是把 90% 的精力放在音乐、艺术和慈善方面，他说一个人不应该整天盯着股价，那样太不开心了。刘元生的股票价值可以连地皮一起买下整个万科总部,但他并不是公司董事,也不干预公司日常经营,而是万科独特治理结构中的"定海神针"之一。大行不顾细谨,大礼不辞小让,刘元生可谓战略投资者的典范。对于近年万科的一些尝试,他坦言,没有资格做评论,因为这需要做大量的调查研究。

回顾与万科打交道的30多年,刘元生认为,这几年万科还是保持了创业期的很多优点,但千万不能忽略人才的问题:一家公司要成功,人是最主要的资本,怎么样把人,尤其是有能力的各层次人才留下来,这是万科现在一定要考虑的因素。他希望在这个问题上能有突破,那就能够战胜其他竞争者。

我本人在2010年就认识到了在咱们中国 A 股市场要去选择优质的行业,从优质的行业中挑选优质的企业,这些优质企业就代表中国未来的经济增长。这件事我已经做了11年了。

按照自己的投资体系去对优质企业进行详细拆解,后面的事就是等,等市场犯错,等企业犯错。因为优质企业大部分时间的股价都不便宜,甚至很贵,只有提前做好功课才能等到二级市场股价下跌时,抓住机会大胆建仓。建仓一旦完成就要耐心持有,以年为单位来计算,中国 A 股市场值得研究和等待的优质企业非常少,所以一旦建仓结束,我是不会轻易卖出的。

下一节我想讲讲,为什么我要按年这个单位来计算持有优质企业的时间。而不是按月、季度,或者半年。

第六节 理解时间的价值

正确理解时间的价值是投资者一生都要不断钻研的必修课。

这门课需要你日复一日，年复一年地持续学习，不断深化，刻在你的大脑里。如何理解时间的价值也决定了投资者的格局。是否能在市场中获取超额收益跟一个人的大局观有着紧密的联系，我在2010年的时候认识到了陪伴优质企业共同成长的重要性。

时间是优质企业的朋友，因为企业的运营变化是缓慢的，需要我们按照季度或年度不断去追踪，一旦发现了优质企业就不要轻易放手，时间会告诉你伴随优质企业就能获得企业高速成长带来的超额收益。

我在2010年底做了一个为期10年的数据回测，记录了从2001年到2010年底，部分优质企业归属于母公司股东的净利润和企业二级市场中股价的变化，这也为我后期的长期投资账户提供了坚实的决策依据，让我更加认可了自己的投资决策，坚决执行长期投资方法（我的投资底层逻辑）。

2001—2010年具体统计数据如下。

贵州茅台数据

2001年贵州茅台归属于母公司股东的净利润为3.28亿元，2010年归属于母公司股东的净利润为50.51亿元，10年间贵州茅台归属于母公司股东的净利润涨了14.4倍。2001年贵州茅台二级市场收盘价格为38.55元，2010年二级市场收盘价格为804.38元（股价是后复权），10年间贵州茅台股价涨了约20倍。

恒瑞医药数据

2001年恒瑞医药归属于母公司股东的净利润为8116万元，2010年归属于母公司股东的净利润为7.24亿元，10年间恒瑞医药归属于母公司股东的净利润涨了约8倍。2001年恒瑞医药二级市场收盘价格为27.22元，2010年二级市场收盘价格为

420.89元（股价是后复权），10年间恒瑞医药股价涨了14.5倍。

五粮液数据

2001年五粮液归属于母公司股东的净利润为8.11亿元，2010年归属于母公司股东的净利润为43.95亿元，10年间五粮液归属于母公司股东的净利润涨了4.4倍。2001年五粮液二级市场收盘价格为58.65元，2010年二级市场收盘价格为541.43元（股价是后复权），10年间五粮液股价涨了8.2倍。

伊利股份数据

2001年伊利股份归属于母公司股东的净利润为1.20亿元，2010年归属于母公司股东的净利润为7.77亿元，10年间伊利股份归属于母公司股东的净利润涨了约5.5倍。2001年伊利股份二级市场收盘价格为55.39元，2010年二级市场收盘价格为444.2元（股价是后复权），10年间伊利股份股价涨了约9倍。

格力电器数据

2001年格力电器归属于母公司股东的净利润为2.61亿元，2010年归属于母公司股东的净利润为42.76亿元，10年间格力电器归属于母公司股东的净利润涨了约15.3倍。2001年格力电器二级市场收盘价格为74.82元，2010年二级市场收盘价格为1210.64元（股价是后复权），10年间格力电器股价涨了15.2倍。

万华化学数据

2001年万华化学归属于母公司股东的净利润为1.01亿元，2010年归属于母公司股东的净利润为15.3亿元，10年间万华化学归属于母公司股东的净利润涨了约14.1倍。2001年万华化学二级市场收盘价格为48.66元，2010年二级市场收盘价格为

333.1元（股价是后复权），10年间万华化学股价涨了约6倍。

云南白药数据

2001年云南白药归属于母公司股东的净利润为7514万元，2010年归属于母公司股东的净利润为9.26亿元，10年间云南白药归属于母公司股东的净利润涨了11.3倍。2001年云南白药二级市场收盘价格为57.48元，2010年二级市场收盘价格为735.04元（股价是后复权），10年间云南白药股价涨了11.8倍。

福耀玻璃数据

2001年福耀玻璃归属于母公司股东的净利润为1.52亿元，2010年归属于母公司股东的净利润为17.88亿元，10年间福耀玻璃归属于母公司股东的净利润涨了10.8倍。2001年福耀玻璃二级市场收盘价格为155.97元，2010年二级市场收盘价格为594.79元（股价是后复权），10年间福耀玻璃股价涨了2.8倍。

万科数据

2001年万科归属于母公司股东的净利润为3.74亿元，2010年归属于母公司股东的净利润为72.83亿元，10年间万科归属于母公司股东的净利润涨了18.5倍。2001年万科二级市场收盘价格为141.93元，2010年二级市场收盘价格为1107.96元（股价是后复权），10年间万科股价涨了6.8倍。

双汇发展数据

2001年双汇发展归属于母公司股东的净利润为1.71亿元，2010年归属于母公司股东的净利润为11.59亿元，10年间双汇发展归属于母公司股东的净利润涨了5.8倍。2001年双汇发展二级市场收盘价格为23.9元，2010年二级市场收盘价格为338.33元（股价是后复权），10年间双汇发展股价涨了13.2倍。

泸州老窖数据

2001年泸州老窖归属于母公司股东的净利润为7313万元，2010年归属于母公司股东的净利润为22.05亿元，10年间泸州老窖归属于母公司股东的净利润涨了29.2倍。2001年泸州老窖二级市场收盘价格为53.63元，2010年二级市场收盘价格为1037.69元（股价是后复权），10年间泸州老窖股价涨了18.3倍。

这10年我们的A股都发生了什么呢？我的统计区间会不会失真，导致结果没有指导意义？

这10年从2001年6月14日至2005年6月6日A股上证指数从2245点下跌到998点，四年多下跌了55.6%。紧接着迎来了2005年6月6日到2007年10月16日两年半的上涨，你可以称之为牛市，上证指数从998点涨到了6124点，上涨幅度达到了514%。时间到了2007年10月16日，也是目前上证指数最高的6124点，仅用了一年的时间上证指数下跌到1664点，跌幅为73%。上证指数从2008年10月28日1664点到2009年8月4日3478点，仅9个月时间涨幅为109%。截至2010年底上证指数收盘于2808点。

所以，我整理的上证指数数据，已经告诉了我们2001—2010年这10年间至少经历了两轮牛熊，数据相对完整，具有代表性。完全可以用来做决策依据，指导之后的投资思路。

请记住一句话：在二级市场中没有任何一家优质企业值得我们100%信赖，我们需要按年度去追踪，对市场永远保持一颗敬畏的心。

我用了11年的时间验证了我的长期投资方法，同时我的长期投资账户也涨了约30倍。我无法分享2001—2010年这10年的企业发展红利，但我找到了这10年市场留下的优质企业，让这些优质企业成了我的一位位"优质老师"。

"老师们"给了我很多市面上无法找到的珍贵学习资料。例如，研究商业模式我会去请教贵州茅台和五粮液；需要学习组织高效化管理，提高资产周转率，我会去请教伊利股份；学习如何让产品达到规模经济，既降低生产成本又能以最高要求保证产品质量，我的老师是格力电器。

我的老师还有专注研发敢于投入大量资金，永远走在行业前列的海康威视和恒瑞医药。优秀的老师还有很多就不一一列举了。希望大家跟我一起把这些"优质老师"的珍贵学习资料学起来。

这些老师从不同角度告诉我"优质企业"到底都做对了哪些事，为何它们可以比同行业的企业做得更杰出，跑到行业前列。这些优质企业提供的产品或服务正是社会成员所需要的，祖国发展离不开这些优质企业，正因为它们交付给下游用户的产品和服务是如此出色，下游用户才会愿意付出真金白银来购买，甚至反复购买（敲重点：高复购率对企业很重要）。

第七节　我的长期投资账户

图1-6是2021年9月3日星期五收盘后我的长期投资账户持仓截图。

长期投资账户见证了我这11年的二级市场投资之路，也是我长期投资方法在二级市场中的应用。我不提倡去机械化地学习巴菲特的价值投资，我们一定要把教科书中的方法与中国 A 股真实的投资环境相结合，不要有固化思维，要改良成适合自己的投资方法，通过市场的剧烈波动去不断验证自己的投资方法，让其可以长期稳定地获得超额收益。我知道这条路非常难走，但是我已经走过来了，从某种角度来讲我算是有了一点小成就，我会通过这本书和我以后的每周直播，把我理解的长期投资法全部都分享出来。

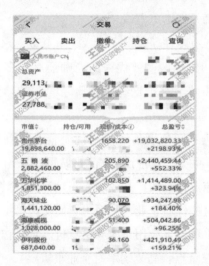

图 1-6　长期投资账户情况

（1）这个方法确实经过了近 11 年的验证，我自己的长期投资账户就是现阶段最好的答案。

（2）长期投资法无法让你马上获得收益，对那些想快速致富的朋友，他们应该也不屑于学习。最后我想这个方法适合有如下特质的朋友。

1）善于思考，对企业和行业有着好奇心和探索欲望。

2）性格沉稳，不会急于一时，相信慢慢变富的力量。

3）有着一定的社会经验，不会因眼前的短期利益放弃长远超额收益。

4）出色地完成了自己的本职工作。不要幻想着在二级市场中可以暴富，本职工作都完成不好的人，在极其复杂的A股市场想稳定获得收益，那就是痴人说梦。

接下来我想跟你聊聊我的兴趣爱好，也许就是因为我的某些特质才能让我走上长期投资这条路。

我平时很喜欢研究微观经济学，我觉得相对于宏观经济学，微观经济学更容易让我有一种看得见摸得着的踏实感。人民大学高鸿业教授的《西方经济学（微观部分）》算是我的入门教材，内容成体系，语言浅显易懂，用词也十分精炼。而曼昆的《经济学原理：微观经济学分册》，应该是目前最著名的经济学入门参考书，对读者很友好，其中数学推导的内容很少，适合培养经济学直觉。

平狄克的《微观经济学》相对讲解得更细致，这是比较厚的一本书，当你有了一些微观经济学基础后，这本书你可以拿来当微观经济学的百科全书使用。

微观经济学是脱离不了数学推导的，如果你有不错的数理基础，接下来可以用北京大学平新乔教授的《微观经济学十八讲》，重点完成书后的练习题。这本书达到了中级微观的难度。

微观经济学是研究社会中个体经济单位的经济行为，以及相应的经济变量的单项数值如何决定的经济学说。分析个体经济单位的经济行为，在此基础上，研究现代西方经济社会的市场运行机制及其在经济资源配置中的作用。

微观经济学的研究方向：微观经济学研究市场中个体的经济行为，即单个家庭、单个厂商和单个市场的经济行为以及相应的经济变量。

平时研究微观经济学完全就是我的业余爱好，但是这个业余爱好无形中会给我塑造一个强大的微观经济运行的世界观，让我研究行业和企业时会有一种站在巨人肩膀的视角。当然我对美国、日本、德国这些发达国家的经济发展历史也十分痴迷，我脑子里总在想，每个发达国家最近这50年在不同阶段所遇到的社会发展问题，这些问题又是如何被解决的，对应了哪些新的政策，政府又扶持了哪些未来社会需求量极大的企业。同样在不同发展阶段，又出现了哪些新的商业模式等。

本章作业：请选择你的投资底层逻辑。

　　　　　投资底层逻辑决定了你未来的学习方向，与你的投资系统紧密相连。

提交作业请关注微信公众号：亮叔财富观。

回复关键字："第一章作业"。

对优质作业，我将赠送我的录播课和经典投资书籍。

第二章

定性分析：如何具备发掘价值的能力

第一节 投资第一步:尊重周期

在正式进入二级市场投资之前,我希望你可以先建立好大局观。我们先跳过如何通过基本面和技术面去挑选优质的行业,从而选出"超级大牛股",这部分留到后面讲。

整个投资世界是由众多行业组成的,众多行业里又包含了数量庞大的企业,有些行业或企业的周期是值得我们重点关注的(见图 2-1)。

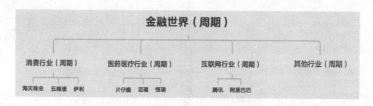

图 2-1 重点关注的行业或企业

整个金融世界都要经历经济周期,所以投资的第一步要学会尊重经济周期,并且从周期的角度来选择行业。

经济周期是行业周期和企业周期的基础,行业和企业的周期性事件主要取决于经济周期。经济增长得快,企业盈利多,扩张速度快,二级市场(股票)也会随之上涨。

我国二级市场成立时间较短,资本市场还在不断完善中,我们可以研究学习美国的整个经济周期和二级市场运行。通过借鉴学习,找到我国的对标行业和企业。同时尽可能地去适应经济周期的规律,因为每过一段时间就可以在市场中找到价位合理的优质企业去建仓。

第二章 定性分析：如何具备发掘价值的能力

从第二次世界大战结束之后，美国有科技、军事领域的强大优势，又以美元为基础，构建了世界金融秩序，从而奠定了美国金融在全球的霸主地位。作为发达的资本主义国家，美国的工业化和城镇化程度较高，城市基础设施建设比较完备。以资本主义私有制为基础的市场竞争以及监管机制也逐渐完善，并逐渐形成了以消费为主的经济发展模式。

美国作为现代工业化国家的代表，其发展轨迹，不仅对全球经济的发展有很大的影响，也对我国的发展有一定的参考和对比价值。尤其是其经济发展历程中，所展现出来的GDP构成及增长的变化，更对我国经济的发展有很高的参考价值。

我相信中国在若干年后就会超越美国，但现在我们必须去学习美国已经走完的整个发展历程，在里面去寻找对标我国的长期投资机会，很多路我国也会重新走一遍。

美国出现过两次经济负增长（持续时间都超过了两年）。在1948—2012年，美国分别在1974—1975年和2008—2009年出现了持续时间较长的经济负增长。而每次负增长过后，虽然经济增长有所恢复，但是增长速度总体都有所下降。2009年的金融危机过后，美国GDP平均增长速度仅为2%。从1982年开始，美国的经济每隔10年左右都会出现一次负增长或低速增长，如果按照这种势头发展下去，未来两年，美国还会出现一次经济发展速度的下降，由此也会带来经济增长速度的进一步下降。

我们需要分析一下1948—2020年美国GDP的构成变化。美国GDP的构成变化包含着行业的演变，这对二级市场投资至关重要。美国的GDP主要由个人消费、个人投资、政府消费和进出口组成。二战结束后，个人消费占GDP的比例逐步增长，

2020年已经达到68%。政府和个人消费之和几乎占到美国GDP的80%。因此，美国经济的发展，与消费的增长有着非常紧密的关系，在二级市场里消费行业是必选赛道。

可口可乐可能是人类历史上单一回报最高的股票。从1919年上市到今天，超过100年，可口可乐算上股息的投资回报，大约有46万倍，年复合回报率在15%左右。万宝路的母公司菲利普莫里斯，可能是美国过去60年回报最好的公司之一，过去60年股价涨了超过6万倍。

随着二战的结束，美国政府开支中，国防开支占GDP的比重有比较大幅度的下降，而非国防开支占GDP的比重则逐渐增长。国防军工行业是周期性行业，配置需谨慎。

1948—1973年，美国个人消费占GDP的比重基本保持在60%以上，政府消费占GDP的比重略高于20%。进出口基本处于顺差的水平。美国个人服务消费的比重超过了GDP的30%，而非耐用品消费占GDP的比重已经低于20%。国防开支占GDP的比重下降到10%以下，地方政府开支占GDP的比重超过了10%。

1976—2007年，美国个人消费占GDP的比重逐步超过了65%，政府消费占GDP的比重下降到20%以下，进出口贸易基本处于逆差状态，而且占GDP的比重呈现逐步增长的趋势。服务消费占GDP的比重逐步超过了40%，非耐用品消费占GDP的比重下降到15%左右。设备投资占GDP的比重略高于住宅的投资。国防开支占GDP的比重则处于波动状态。

2010—2020年，美国个人消费占GDP的比重变化不大，服务消费占GDP的比重达到47%，非耐用品消费占GDP的比重低于 15%，政府消费占 GDP 的比重下降到 17% 左右，进出口逆差基本保持在 2%~4%。个体投资占 GDP 的比重有所增长，其中知识产权投资占 GDP 的比重已经超过了基础建设投资和住宅投资的占比。

给朋友们留个作业：用思维导图来简化美国 1948—2020 年 GDP 的结构变化。通过结构变化，找到在不同时间周期里的行业变化。提交作业请关注我的微信公众号"亮叔财富观"回复关键字"美国 GDP"。

第二节　抓住企业的核心：商业模式

一、通过 ROE 拆解 A 股上市企业的商业模式

优质企业都具备好的商业模式，一家企业的价值可以在很多方面有所体现。

从产品或者服务角度看：一家企业提供的产品或服务极大帮助到了用户，例如制药企业，因为研制出了特效药，让病患得到了及时的治疗，延长了生命。从盈利角度看：一家企业通过销售产品或服务给企业创造营收，最终给股东带来了收益。

如果我们把全部上市企业做财务数据量化，整理出相应的财务指标。在众多财务指标中，只能选取一个指标来衡量企业给股东创造的利润，这个指标就是净资产收益率（ROE）。

你可以将 ROE 理解为，当你给一家企业投资一元钱，这家企业可以给你带来多少回报。ROE 被广泛应用，代表公司为股东创造价值的能力。这一节通过拆解 ROE（又称杜邦分析法），在咱们 A 股市场，企业的商业模式一共可以分为三种，每一种对

应的企业我也会列举出来。

我先解释一下什么叫杜邦分析：杜邦分析是以净资产收益率（ROE）为核心的财务指标，通过财务指标的内在联系，系统、综合地分析企业的盈利水平，是一种用来评价公司盈利能力和股东权益回报水平，并从财务角度评价企业绩效的一种经典方法。ROE可以分解成如下三个要素。

净资产收益率＝销售净利润×资产周转率×权益乘数

通过以上分解，我们可以得出一个结论，一家企业要给股东创造收益，就要尽可能地提升三个要素，但因为行业不同，企业的主营业务有差异，最重要的是商业模式有区分，所以通过如上分解，我将A股上市企业分成三种商业模式。

第一种商业模式：具备定价权的王者

具备第一种商业模式的企业，它们不必去提高权益乘数，通过借款来经营企业，完成销售任务，最后给股东创造收益。这样的企业账户真的不缺钱，应收账款基本上都是零，反而对上下游有掌控力度，都是一手交钱一手交货，甚至需要提前收取货款。

它们也不必让资金周转最大化，因为通常这样的企业提供的产品或服务是有稀缺性的，不是大众品，数量有限，想周转最大化也没有足够多的产品，产能不支持。

它们只需要提供稀缺的产品或服务，并且保证交付的是高质量的产品就成功了，这样的企业提高ROE只需要提高售价就可以很轻松地完成，偶尔推出限量版、定制化的产品或服务，下游用户对这一套策略非常认可，愿意拿真金白银去排队"抢购"。

这样的企业，我称之为商业模式的王者，完全就是"躺赢",妥妥的人生赢家。例如,国内 A 股的茅台、五粮液,以高端白酒为代表的就是具备定价权的商业模式。

国外的企业大家还能想到哪家?我来公布答案:爱马仕。

如果你持有以上商业模式的企业股票,我真心祝福你,你就是人生赢家,这样的企业会让你"躺赢"。这种商业模式的企业真的太少了,具有稀缺性。我个人持有贵州茅台和五粮液的股票已经快八年了,这八年里经历了阶段性的股价调整,除了买入,就是耐心持有,还没有卖出的计划。

第二种商业模式:高效管理的强者

具备第二种商业模式的企业,通常提供的产品或服务都是大众需要的,不具备稀缺性,生活必需品居多。这样的企业也不需要经常跟银行借钱,现金流也都很健康,像格力这样的企业账户上经常趴着 100 多亿元现金。它们要操心的就是产品的同质化,如何能通过人的管理,让效率最大化,使资产周转率领先于同行业的企业,只要完成这部分基本上就是同行业龙头企业。

这样的企业很多,它们无法通过提高售价来提高 ROE。像格力、美的、蒙牛、伊利、海天等,这样的企业虽然优秀,但是产品不可能一直提价,也卖不了高价。

我把这样的企业称为商业模式的高效管理者。因为提供的产品不具备稀缺性,在保证产品质量的前提下(这个是必需的)只能提高资产周转率来给股东创造高额收益。这类商业模式的优质企业数量要比第一种商业模式的企业多很多,值得我们去追踪。

第三种商业模式：强周期+杠杆

具备第三种商业模式的企业，通常都属于强周期行业，通过杠杆来完成企业的主营业务，例如银行通过给予储户低利率的方式来吸纳存款，将低成本存款进行对外的高利率放贷或者投资获取高回报。所以银行获取的储户资金都是负债，这一行业的负债率普遍是非常高的，平均在90%左右，负债越高，利润越大。房地产行业同样如此，房子建到一定程度后可以收取客户的首付款，继续盖房，资金流转越快越好。通过资金的运转，来撬动更多的资金，从而达到盈利的目的。这是先天的商业模式导致的，我通常对这样的企业会格外谨慎，也必须谨慎，其潜在经营风险很大，需要严格遵守风控体系，一旦发生经济周期下行，最先出问题的也都是这种类型的企业，其二级市场的股价也会出现巨大跌幅。例如：招商银行、东方财富、中信证券、中国平安、万科、汇丰银行、高盛等。

当然一定有朋友会问我，有没有这样的企业，它无法通过提高定价来提高销售净利润，企业的管理团队也不给力，无法让资产周转率最优化（都不需要最大化），企业也无法通过杠杆来创造收益。这样的企业在A股市场有很多，所以请大家擦亮双眼，不要把时间浪费在这样的企业上。无法给投资人创造优秀ROE的企业，不值得我们浪费一分钟的时间。

以上就是通过杜邦分析，分解了ROE，将A股上市企业分成的三种商业模式。

给你留个作业：把你账户上的企业对应上面三种商业模式，并进行分类。

第二章 定性分析：如何具备发掘价值的能力

请记住一句话：在商业的世界中，商业模式定生死，市场空间看未来，管理团队看存续。

二、巴菲特告诉我们必须躲避的商业模式

还记得本书的第一章讲的五条守则吗？守则二：不要过度迷恋权威。权威也是人，也会犯错，我们要在权威身上学习成功的经验，更要看到权威走过的坑，让我们以后的投资少走弯路。

这一节我要通过巴菲特致股东信的内容，以巴菲特的亲身经历告诉你必须躲开的商业模式。下面的内容除了引用巴菲特致股东信的内容，还有我个人的解读。

在1978—1992年致股东的信中，巴菲特做了如下表述：

纺织业的现状充分印证了教科书中所讲的：除非市场出现供不应求的情况，否则资本密集且产品无重大差异的生产者，将只能赚取微薄的利润。只要产能过剩，产品的价格就只会反映其经营成本而非已投入的资本。这种供给过剩的情况正是纺织行业的一种常态，所以我们也只好期望能获得勉强令人满意的资本回报即可。

巴菲特的这段表述中我们需要记一个重点：资本密集且产品无重大差异的生产者。如果企业所处的行业是资本密集型产业，需要大量的资金投入，但生产的商品是无差异的，这种商业模式我们需要远离。

你可以理解为投资占用了你的巨额现金，但是产出的商品无差异，不但产品没有竞争力，还没有定价权，投资这样商业模式的企业就是投了"寂寞"。

你可以思考一下，咱们 A 股有多少企业是这样的商业模式呢？接着看巴菲特的原话：

"对此我们必须探究几项影响企业获利的重要因素才能了解这种改变，一般来说，若企业处在产业面临供给过剩且产品一般商品化的情形（整体表现、外观、售后服务等都无差异化）时，便极有可能发生获利警讯。除非价格或成本在某些情况下（例如透过政府立法干预、非法勾结或国际性联合垄断），能获得控制或可稍微免除自由市场竞争，否则若客户不在乎其所采用的产品或服务由谁提供，成本与价格由完全竞争来决定，如此产业铁定会面临悲惨的下场。这也是为什么所有的厂商皆努力强调并建立本身产品或服务的差异性，这种做法对糖果有用（消费者会指明品牌）而砂糖却没有用（难道你听过有人说：我的咖啡要加奶精和某某牌的砂糖）。在许多产业就是无法做到差异化，有些生产者能因具有成本优势而表现杰出，然而在定义上，这种情况极少或甚至不存在。所以对大部分销售已完全商品化产品的公司来说，不可避免的结局便是，持续的产能过剩、无法控制价格滑落导致获利不佳，当然产能过剩会因产能缩减或需求增加而自我修正。而不幸的是，这种修正的过程却是缓慢而痛苦的，当产业好不容易面临反弹时，却又是一窝蜂全面扩张的开始，不到几年又必须面对先前的窘况。而最后决定产业长期获利情况的是供给吃紧与供给过剩年度的比率，通常这种比率很小（以我们在纺织业的经验来说，供给吃紧的情况要追溯到许多年以前，且大约仅维持不到一个早上的时间）。在某一些产业，供给吃紧的情况却可以维持好一段期间，有时实际需求的增长甚至超过当初所预期，而要增加产能因涉及复杂的规划与建厂须有相当长的前置期。"

巴菲特在回忆总结自己的投资生涯时说:"我所犯的第一个错误当然就是买下伯克希尔纺织公司的控制权。虽然我很清楚纺织这个行业没什么前景,但因其价格实在很便宜而受其引诱。虽然在早期投资这样的股票确实让我获利颇丰,但在1965年投资伯克希尔后,我开始发现这终究不是个理想的投资模式。如果你以很低的价格买进一家公司的股票,应该很容易有机会以不错的获利了结,即使从长期而言这家公司的经营结果可能很糟糕。"

巴菲特收购的纺织公司就是坏商业模式的代表,因为它只生产不具备任何差异的一般化商品,没有定价权,产品成本与价格完全由市场竞争来决定,同时市场供给过剩。当一家企业长期处于这种状态时,惨淡经营就是必然的结局。

第三节　商业模式的三大要素

这一节我们需要全面学习商业模式的三大要素,在进入学习之前首先需要清楚商业模式到底是什么。

商业模式这个概念起源于1957年,但直到20世纪90年代,随着IT的蓬勃发展才逐渐流行起来。由于全球经济增长,科技进步,不断催生了新的企业经营形态来满足目标用户的需求,而这些管理实践又促进商业模式领域的研究不断深化。所以商业模式是随着社会发展和企业进步,不断地在改变,以适应社会进步,符合企业的发展形态。

从广义上讲,商业模式是指为实现客户价值最大化,把能使企业运行的内外各要素整合起来,形成一个完整的、高效率的、具有独特核心竞争力的运行系统,同时通过最优形式满足客户需求、实现客户价值，使系统达成持续盈利目标的整体解决方案。

简单直白地说，商业模式要具备两个基本点。

（1）为企业的目标客户提供足够的价值（体现在交付的产品或服务）。

（2）企业要持续地盈利为股东创造收益（投资回报）。

任何企业的商业模式都要具备以上两个基本点，因为它们是企业可以持续经营的基石，一家企业的存在一定是要先满足目标客户的需求，同时要让自己的股东可以从企业经营中持续地获取投资回报。

管理学家把传统的商业模式分成了九大要素。

（1）客户细分：描述企业想要获得和期望服务的不同的目标人群和机构。

（2）价值主张：描述企业是为某一客户群体提供能为其创造价值的产品或服务。

（3）分销渠道：描述企业如何与客户群体达成沟通并建立联系，以向对方传递自身的价值主张。

（4）客户关系：描述企业针对某一个客户群体所建立的客户关系类型。

（5）收入来源：描述企业从每一个客户群体获得的现金收益。

（6）核心资源：描述为了保证企业顺利运行所需要的最重要的资产。

（7）关键业务：描述企业成功运营所必须采取的最重要行动。

（8）重要伙伴：描述企业顺利运行所需要的供应商和合作

第二章 定性分析：如何具备发掘价值的能力

伙伴网络。

（9）成本结构：描述运营该商业模式所发生的全部成本。

以上是管理学家对商业模式做的九大要素分析。但针对我国A股市场的上市企业，我将其优化为商业模式三大要素。

一、为企业的目标客户提供足够的价值

一家企业存在的意义或者说一家企业的根基在于，这家企业给目标客户提供多大价值的产品或服务。为目标客户创造价值永远是企业的立身之本，这也是我把为企业的目标客户提供足够的价值放在第一位的原因。

任何企业都需要找到自己要服务的目标客户，即完成企业销售对象的精准定位。找到企业的销售对象后，企业需要打通渠道来不断跟目标客户接触。以前完成这个渠道更多的是通过线下实体店，当然若干年前就有电话营销、邮件营销等线上渠道了。随着互联网的发展和电商的成熟，通过短视频等各种线上App都可以跟企业的目标客户产生联系，企业触达客户的渠道更多元化了，但是需要在精准触达方面下功夫。

找到了客户，也获取到了连接客户的渠道，下一步就是给客户提供产品或服务，让产品或服务满足客户的需求。优秀企业给客户提供的产品或服务都是比同行业优质的，给客户提供足够价值的产品或服务是走向优质企业的第一步。少数企业在这个环节就做到了极致，但二级市场中更多的企业在第一步就没有做得很出色，所以注定大部分企业都是平庸的，不值得我们浪费时间投入真金白银。

通过例子我们进一步来看，哪些企业在商业模式的第一步就完成出色，还有哪些企业第一步就出现了问题。

春兰空调与格力空调

现在大家都知道格力的空调是第一名，当然美的也不错。但是时间回到 1998 年，这一年格力的空调销量正式超越了春兰空调成为空调市场的第一名。到了 2007 年，空调市场被格力、美的、海尔三家企业瓜分，已经没有春兰空调的影子。

格力做对了什么呢？格力专心做产品，在合理价位内给用户提供高质量的空调，满足了客户的温度调节需求（制冷、取暖）。空调行业前期资金投入高，其中固定资产占比很大，可变动成本相对又小。

所以，要想在空调这个品类出彩，首先就是产品质量一定要有保障，然后就是生产规模必须提上去（销量要跑起来），这样才能实现规模经济，使空调生产成本降低，售价具备性价比（质优价廉）。

格力将精力都投入到给用户生产高质量的空调中，最终格力后来居上，把空调市场占领了。

贵州茅台与爱马仕

我想换个角度跟大家聊聊茅台是怎么完成商业模式第一步的，并且如何做得极其出色。我想跟另外一家同样出色的企业一起讲，那就是爱马仕。

这两家企业都是给少部分群体提供高端产品或服务，不要羡慕爱马仕的定制化服务，咱们的贵州茅台也陆续推出了限量版和定制版。所服务的目标客户非常精准，都是社会的精英人士。提供的产品都是同行业顶级的。另外产品都具有稀缺性，茅台的基

第二章 定性分析：如何具备发掘价值的能力

酒限制了产能，爱马仕的皮匠工人限制了皮具的产量。因为提供的产品质量、品牌价值等足够高端，这就是完成了商业模式的第一步：为企业的目标客户提供足够的价值。这两家企业就是为目标客户提供足够价值的典范，这和企业的基因有关系，不论是茅台还是爱马仕都有上百年的历史沉淀，塑造了品牌价值，只要提供的产品让客户可以继续从中获取足够高的价值感，这样的企业就会一直"躺赢"。

海康威视

海康威视这家企业值得我们去花时间研究一下，这家企业的主营业务是以视频技术为核心的智能物联网解决方案和大数据服务。

其业务聚焦于综合安防、大数据服务和智慧业务。海康威视经过20年视频技术领域深耕，通过构建开放合作生态，为公共服务领域用户、企事业用户和中小企业用户提供服务。海康威视一开始就是销售摄像头的，随着技术快速发展，下游客户的需求越来越高（技术），产品需求量也越来越多（销量），各行业的需求还都存在一定的差异化。海康威视从一开始提倡"看得见"，过渡到了"看得清"，现在往智能视频识别技术发力，可以"看得懂"。

海康威视一直对自己的产品不断改进，为目标客户提供足够高的价值。智能视频领域下游市场非常分散，目前海康威视提供的相关产品和服务是上市公司中全世界第一名，采购海康威视产品或服务的前三名客户只占到总销售额的3%左右，因为下游客户分散在众多的细分市场中，这给海康威视生产产品的差异化也带来了极大的难度。但从市场表现来看，海康威视完成得非常出色。

二、企业要持续盈利为股东创造收益

企业存在的另外一个基石就是必须要给股东创造收益。站在投资人的角度来审视企业，我们通过各种方法去挑选企业，最终都是为了获取投资回报。在分析投资回报后，我们一定会优先选择投资回报最高的标的。

企业不仅要给股东创造收益，而且需要有持续创造收益的能力。这样的企业才是我们需要花时间和精力陪伴的优质企业。

一部分企业幸运地在商业模式设计上通过了第一关（为企业的目标客户提供足够的价值），它们提供的产品或服务是下游用户需要的（不排除有伪需求，所以需要第二步来验证）。但大部分企业无法给股东创造收益，就更别提持续创造收益了。这也是为什么很多公司上市后过不了多久，股价就开始暴跌。因为提交的财报确实不好看，没有给股东创造收益。这也称为业绩变脸。

进入到第二步就是来验证第一步企业给目标用户提供的产品或服务是真需求还是伪需求。我从众多可以持续给股东创造超额收益的优质企业中做了一个提炼总结，先来看一个公式：利润 = 收入 – 成本。

对于企业而言，收入来自为客户提供的产品或服务，支出取决于企业提供这个产品或服务的所有成本。收入大于成本，企业就盈利，伟大的企业可以把提供的产品或服务赋予很高的定价（客户还乐于埋单），合理地控制成本支出（划重点：成本支出不是越低越好，要根据所在行业控制在合理范围才是最优成本控

第二章 定性分析：如何具备发掘价值的能力

制，为了降低成本而偷工减料，那就是舍本逐末，千万做不得，遇到这样砸自己招牌的企业一定要远离）。

所以，研究企业盈利其实就是研究收入和成本这两个维度。优秀的企业都能做到：销售收入多元化/高频化、优化成本结构。

销售收入多元化：万华化学是一家伟大的企业，给投资人带来了丰厚的回报。万华化学发展初期主打产品就是 MDI，后期不断研发新的产品线，让企业自身销售结构实现多元化发展。同时，为了避免产品过于集中，给企业造成经营风险，万华化学现在聚焦三大产品线：聚氨酯、精细化学品、石化产品。这三大产品线经营着 30 多种产品，通过产品矩阵让销售收入多元化，给企业的销售业绩带来稳步增长。

伊利股份是乳制品行业的龙头，伊利也对销售收入多元化下了很大的功夫。伊利主要通过两个方式实现了销售收入多元化。一是丰富旗下的乳制品，形成产品矩阵，如常规的常温纯牛奶、常温酸奶、短保质期的巴氏鲜奶、低温酸奶、奶酪、婴幼儿奶粉、冰淇淋、冷饮、饮用水等；二是建立线上线下全渠道，让下游用户在各个渠道都可以第一时间买到伊利的产品。

销售收入高频化：商业世界是残酷的，企业获得目标客户不容易，要想通过产品或服务赢得客户的信赖，前期需要投入大量的精力（时间、资金、态度）。所谓收入高频化，就是为同一个客户提供更多价值，实现多次交易。设计高频化的核心理念是增强客户的黏性，客户购买了产品，不是关系的结束，而是关系的开始。所以，收入高频化的基本功就是经营粉丝，围绕粉丝群升级产品，开发新产品和服务。这类上市公司我第一个想到了好市多（Costco），咱们国内的盒马会员店也在学习好市多的模式。

优化成本结构：这部分其实有点难，每家企业所处的行业不同，无法给出一个全部企业都可以使用的方法来优化成本结构，我们只能通过不断研究所处行业对应的企业，来掌握哪些成本可以被优化，哪些千万别碰（该花的钱不能省）。

我们来看一下恒瑞医药，恒瑞医药是我国创新药领域的龙头企业。目前，我国创新药跟仿制药的比例是1∶99，美国创新药与仿制药的比例是60∶40。

看了上面的数字是不是感受到了差距？所以我们必须投入搞研发。恒瑞医药每年至少拿出营业收入的20%投入到创新药研发中，这部分成本是无法优化的，一旦优化就是剥夺了恒瑞医药的企业创新力，没有了未来的创新，恒瑞医药无法支撑高估值（恒瑞医药有估值溢价）所以像这种研发型企业，优化成本结构就不能打研发费用的主意，反而要从其他方向去优化成本。

接着说下美的集团，美的也生产空调、电冰箱、洗衣机等产品。美的如何优化成本结构呢，因为美的这样的企业固定成本占总成本的比例很高，如厂房、设备等就算不生产产品，这些固定资产也一样存在，每天还是要产生折旧的，像美的这样的家电企业优化成本，其中一个方法就是抢占市场份额，这样企业可以多生产产品，实现了规模经济，成本反而降下来了。

你可以这样理解一家优质企业的发展，就像游戏中的升级打怪一样，需要一关接着一关过。很多企业都输在不同的关口上，留下来的企业是暂时的赢家，但是后期也需要我们不断去追踪。

一部分企业完成了第一关：为企业的目标客户提供足够的价值。又进入了第二关的考核：企业要持续盈利为股东创造收益。以上两关都通过的企业，能否一直处在行业的领先地位，就需要看第三关。

三、优秀的管理团队才能让企业走得更远

一家上市公司的管理团队的重要性不言而喻,投资大师菲利普·费雪是这样看待管理团队的:"在某个产业内,有些公司是杰出的投资工具,有的则属一般或平庸,甚至更糟;追根究底,造成这一切的结果,就是'人'"。

在费雪那个年代,没有人比他更热衷于分析企业管理层。在1987年的一次采访中,费雪说:"认识一家公司的管理者有点儿像婚姻:你要真正了解一个女孩,就必须和她生活在一起。在某种程度上,你要真正了解一家公司的管理者,也需要和他们生活在一起。"这体现了他对管理分析的重视,也说明了管理分析的艰难。

下面我会通过洋河股份,分析具有优秀管理团队对一家上市企业是多么重要。洋河股份能够在竞争激烈的白酒市场占有一定的市场份额,靠的就是核心管理团队,因为洋河在知名度和产品方面,确实无法跟贵州茅台和五粮液抗衡。

我们来看一下白酒的销售模式:各大名酒企业,销售主要通过经销商完成,但在与经销商的关系处理中,又分为以经销商为主和以企业为主两种不同的模式。贵州茅台和五粮液,主要是以经销商为主,这种模式只需要企业收钱发货就可以,销售团队配备人数极少,管理难度低。销售任务都由经销商来完成,企业的重点是保证产品质量且准时供货。

洋河股份为首个引入快消品理念去管理销售渠道的白酒企

业,打破了酒企传统的大经销商制,创新性地采用了厂商"1+1"的深度分销模式。"1+1"模式让洋河实现了渠道的扁平化,规避了经销商操作市场的弊端,增强了企业掌控市场的能力,改变了以往经销商主导的厂商合作方式。

传统的大经销商模式主要由经销商去做市场,厂家只对经销商进行战略指导,配置少量人员,市场推广费用也主要由经销商承担。洋河的深度分销模式转变为由厂家主导做市场,进行市场的开发、维护、推广、消费者教育,经销商主要起到配合的作用。

传统的大经销商模式下,出厂价和批价的价差较大,但市场开拓费用需要经销商自行承担。洋河的深度分销模式中,出厂价和批价的价差较小,毛利空间相对小些,但市场开拓费用由厂商承担。

洋河的深度分销模式最大的优势在于加强了厂家对终端的掌控力,对经销商的依赖减弱,便于管控价格及窜货。受益于渠道的深度分销模式,洋河的全国化扩张取得了显著的成效。由于深度分销模式的需要,洋河的销售人员数量远高于水井坊、汾酒等次高端品牌,且呈现逐年增加的趋势。

截至2020年,公司销售人员达5659人,六年间销售人员数量增加了3000余人,地推人员超过3万名,较多的销售人员数量保障了公司省内外的渠道拓展及深耕。公司经销商近9000家,办事处/分公司385家。

就是因为洋河拥有如此优秀的管理团队,才能让全国的385家分公司和5659名销售人员高效运营,实现企业价值的最大化。当然市场竞争激烈,任何优秀企业都有遇到困难的时候,具体问题需要到时具体来分析。

最后还要讲一个关键点：当企业的管理团队表现得很优秀（给股东创造了超额收益）时，企业需要有大格局，给予管理层和公司核心骨干股权激励。洋河股份在这点做的就非常棒，远超其他白酒企业。

根据公司披露的最新持股情况，公司实际控制人为宿迁市国资委，持股比例为 34.16%；蓝色同盟为管理层持股平台，持有上市公司的股权比例为 21.44%；上海海烟及上海捷强为公司的经销商，合计持股 13.75%。公司董事长、总裁、董秘等大多数高管持有公司股票，持股比例高于同行业公司。较为充分的激励制度绑定了管理者与公司的利益，增强了团队的稳定性。

基于合理的股权结构及激励机制，洋河股份的经营管理效率在行业内处于领先地位。近五年，平均 ROE 及平均净利率位居行业第二位。体制改革充分激发了经营活力。公司在经历了两次体制改革后，经营活力被充分激发，盈利能力明显提升，净利率由 3.6% 提升至 27.7%。

对优质企业的要求就是这么严格，下一节我想重点讲一下企业的竞争壁垒和成长空间。这两个部分决定了企业未来可以走多远，我们是否可以伴随一家企业 10 年、20 年，甚至半个世纪；要是可以，最好把伟大企业的股票留给下一代，做到财富传承。

第四节　企业的竞争壁垒

为什我们要研究企业的竞争壁垒？企业的竞争壁垒包含哪些方面？这一节我要重点讲解企业的竞争壁垒，就是巴菲特口中的

"企业护城河"。

我国 A 股上市企业的经营模式和发展阶段跟美股有很大差异，我不想完全照搬巴菲特的护城河理论，可以理解为我认为的企业竞争壁垒，就是巴菲特提倡的企业护城河理论针对我国 A 股上市企业的改良版。

权威可以被学习，但是一定要结合自己的思考，反复总结经验，这样才会获得适用于 A 股的有效投资方法。

我们先来看一下巴菲特提出的企业护城河理论，巴菲特一共在五次公开场合谈及对护城河的看法，其中四次在巴菲特致股东信中和股东年会上，一次是接受《财富》杂志采访时，以下是我通过时间维度做的内容整理。

1993 年，巴菲特在致股东的信中，首次提出了护城河概念。

他说：最近几年，可口可乐和吉列剃须刀在全球的市场份额还在增加，它们的品牌威力、产品特性以及销售能力，赋予它们一种巨大的竞争优势，在它们的经济堡垒周围形成了一条护城河。相比之下，一般的公司在没有这样的保护之下奋战。就像彼得·林奇说的那样，销售相似商品的公司的股票，应当贴上这样一个标签：竞争有害健康。

1999 年接受《财富》杂志采访时，沃伦·巴菲特造出了经济护城河（Economic Moats）这个新词，用于概括他投资策略的支柱。他在当时做出的描述如下：

就投资而言，关键不在于评估一个行业将给社会带来多大影响，也不在于行业将有多大成长，而是在于判定任何特定公司的竞争优势，其中最重要的则是判定那种优势的持续时间。拥有宽

第二章 定性分析：如何具备发掘价值的能力

广的、可持续的"护城河"的产品或服务才能给投资者带来回报。

1995年，在伯克希尔股东年会上，巴菲特对护城河的概念做了详细的描述。

由奇妙的、很深的、很危险的护城河环绕的城堡。城堡的主人是一位诚实而高雅的人，城堡最主要的力量源泉是主人天才的大脑，护城河永久地充当着那些试图袭击的敌人的障碍；城堡的主人制造黄金，但并不都据为己有。简单地说，我们喜欢的就是这样具有控制地位的大公司，这些公司的特许权很难被复制，具有极强或永久的持续运作能力。

2000年，在伯克希尔股东年会上，巴菲特进一步解释：

我们把加宽护城河的能力以及保持不被攻击的特性作为判断一家伟大企业的首要标准。而且我们告诉企业的管理层，我们希望企业的护城河每年都能不断加宽，这并不是非要企业的利润一年比一年多，因为有时做不到。然而，如果企业的护城河每年不断加宽，这家企业会经营得很好。

2007年，在致股东的信中，巴菲特指出：

一家真正伟大的公司必须要有一条护城河来保护投资获得很好的回报。但资本主义的动力学使得任何能赚取高额回报的生意城堡，都会受到竞争者不断攻击。因此，一道难以逾越的屏障，比如成为低成本提供者，像盖可保险或好市多超市，或者拥有像可口可乐、吉列、美国运通这样享誉世界的强大品牌，才是企业获得持续成功的根本。商业史中充斥着罗马烟火筒（Romancandle）般光彩炫目的公司，它们所谓的长沟深堑最终被证明只是幻觉，很快就被对手跨越。

以上是巴菲特对"护城河"这个概念在公开场合中的解读。

我来回答开篇提出的问题，为什么我们要研究企业的竞争壁垒？企业提高自身的竞争壁垒，可以更长久地保持盈利，能够给企业的投资人（股东）带来长久的超额收益。竞争壁垒的作用绝不仅限于用来寻找更强大、更有价值的公司，它还应该成为我们选股过程的核心依据之一。在这里稍微做个延伸，有些行业在本质上就比其他行业更容易赚钱，在容易赚钱的行业中搜寻到优秀企业股票的概率更大，它们就是寻找竞争壁垒的好去处，它们就是你长期投资要去的方向。对于行业的选择，我会在后文单独拿出一节来详细讲解。

接下来我需要把企业的竞争壁垒做分解，回答开篇的第二个问题，企业的竞争壁垒包含哪些方面呢？分解企业竞争壁垒之前，我需要给企业竞争壁垒下个简单的定义。企业竞争壁垒是指企业在市场竞争中，由企业多因素构建的有效的针对竞争对手的竞争门槛，以达到、维护企业自身在市场中的优势地位，以保证企业自身持续的盈利状态。

企业竞争壁垒并不是由某个方面或某个因素形成的，而是由一家企业内在的多因素构成，是一个综合得分。如果你让我给咱们中国的上市企业（不局限于在 A 股上市）按照企业竞争壁垒打分，第一名我会毫不犹豫地给贵州茅台，第二名我会给腾讯。

企业竞争壁垒是由多因素构成的，我把企业竞争壁垒分成了四大要素：看不见的手、成本优势、转换成本、网络效应。这四大要素构成了企业的竞争壁垒。

第二章 定性分析：如何具备发掘价值的能力

一、企业竞争壁垒的第一要素：看不见的手

历史悠久的品牌、专利权、法定准入许可等都属于企业竞争壁垒中"看不见的手"。

1. 品牌

如果一家企业仅仅凭借其品牌就能以更高的价格出售同类产品，那么这个品牌就非常有可能形成一个强大无比的竞争壁垒。

在我国A股的上市企业中，因为品牌可以轻松跟对手拉开差距的其实很少，例如购买空调，虽然格力是第一名，但是美的空调也不错，并没有拉开太大差距。同样，购买乳制品，伊利虽然是行业龙头，但是伊利、蒙牛、光明、三元这些品牌谁的生产日期更近、购买渠道更方便，消费者就会购买谁的产品。

提高品牌知名度可以带来长久的竞争优势，但最关键的并不是品牌的受欢迎程度，而是它能否影响消费者的购买决策。如果消费者仅仅因为品牌就愿意购买或是支付更高的价格，那么这就是企业竞争壁垒最有力的证明。

2. 专利权

专利权集中在高科技、医药医疗等A股上市企业。专利权是指专利权人在法律规定的范围内独占或排他的权利。专利权具有时间性、地域性及排他性。

虽然专利权可以成为企业竞争壁垒中加分的一项，但这样的竞争优势，往往不会像你想的那么长远。专利权是有期限的，一

旦到期，只要有利可图，竞争就会接踵而来，尤其是具有创新药专利权的化学制药企业，一旦专利权到期，各大药企就会冲进市场抢夺利润。

想要持续通过专利权这种形式来扩大企业的竞争壁垒，首先要求上市企业要具备可持续的创新能力，要源源不断地申请到专利，才能保证企业永远走在同行前列，这部分我们可以通过企业历年研发费用的支出来找到一些方向。

我们通常认为，只有那些拥有多种多样专利权和创新传统的企业，才拥有竞争壁垒。

3. 法定准入许可

我国有很多行业都受到政府严格监管，其中天坛生物所在的血液制品行业就是法定准入许可的代表，国内对血液制品行业监管严格，2001年起不再批准新的血制品企业。天坛生物自2018年重组完成后，成为国内规模最大的血液制品公司，单采血浆站数及采浆量位居全国首位，2020年拥有在营浆站55家，实现采浆1713.51吨。浆站资源是血液制品行业最重要的竞争力之一，公司作为目前中国生物下属唯一的血液制品公司，在新批浆站开拓方面优势明显，"十四五"期间采浆量有望取得进一步突破。2020年，公司发布定增预案，拟发行股票数量不超过1.22亿股，募资总额不超过33.4亿元，用于云南项目、兰州项目、成都蓉生重组凝血因子生产车间等建设。未来永安、云南、兰州三大基地的千吨级新产能将于2022—2024年建成投产，有效保障未来投浆及生产能力。

所以，法定准入许可是否会给企业的竞争壁垒加分，需要具体企业具体分析。

二、企业竞争壁垒第二要素：成本优势

1. 规模经济

具有成本优势的企业通过规模经济降低单位成本，通过更低的成本（必须保证产品质量）来提高市场占有率，让无法降低成本的企业被市场淘汰。

这样的企业在A股有很多，例如海康威视，它是我国境内安防视频监控领域的龙头企业，在全球市场中也是占据龙头地位。因为下游客户分散在全世界不同的国家和地区，行业之间对产品的需求差异极大，所以海康威视需要提供可以匹配不同行业的视频监控产品。海康威视覆盖的下游细分市场足够大，不同型号的产品也可以通过规模化生产，降低产品成本，让产品在市场中更具竞争力，其他企业很难做到在同样产品质量的前提下售卖一样的价格，它们达不到海康威视的订单量，也就无法做到规模经济，产品成本无法降低。

2. 地理位置优势

还有一种可以降低成本的优势，就是相对优越的地理位置。

通过相对优越的地理位置给企业竞争壁垒加分的企业：涪陵榨菜。背靠核心原料供应地，公司尽享得天独厚的采购优势。榨菜制作的核心原材料为青菜头，由于青菜头的种植条件（如温

度、水分等）要求较高，国内种植地集中于重庆、浙江地区，其中重庆涪陵的青菜头种植面积相对较大。在收获与采购环节，青菜头在雨水前质量最高，但收割的黄金期很短，雨水后重量增加而质量降低，保鲜期也很短，因此榨菜生产企业只能背靠青菜头产地建厂。涪陵榨菜坐落于国内青菜头主产区，把控优质原材料建立全国性品牌，在青菜头种植区域局限且难以远距离运输的现状下，后进入者进入难度极大。

三、企业竞争壁垒第三要素：转换成本

如果你用惯了Mac，除了苹果电脑本身的硬件设计，Mac自带的操作系统一定也让你很着迷（前提是办公室所有人都是Mac，否则你体会不出Mac的好）。我在写这本书的时候，已经用了10年的Mac，同时也会配备一台联想笔记本电脑，相比之下我更适合Mac。所以对于我来说转化到Windows操作系统的成本非常高。高转换成本意味着用户迁移的难度大，也说明产品本身确实给用户提供了足够高的价值。

我们熟悉一个办公软件需要投入大量的时间，例如微软的Office，一旦熟练掌握后，就不愿意再去学习另一种新的办公软件。

我们习惯了用微信来跟家人和朋友沟通，只要微信可以保证其App的稳定性和用户体验，其他企业也只有羡慕的份。

转化成本的例子都在我们身边，大家可以自己多多观察我们身边的企业，看一看转换成本到底是高还是低。

四、企业竞争壁垒第四要素：网络效应

企业可以受益于网络效应，随着用户人数的增加，它们的产品或服务的价值也在提升。网络效应让用户更具黏性，网络越大，对网络外用户的吸引力越大，进而让更多用户加入网络。在这里，数量和质量互相推动，形成飞轮，具有网络效应的企业会无限制越来越壮大，最终赢家通吃。

大家还记得几年前的千团大战吗？当年市场第一可不是美团，而是拉手团购。当年跟优酷争抢第一名的土豆视频也已经被大家遗忘了。

网络效应可以成就一家企业，意味着有无数同样类型的企业被淘汰出局。随着互联网的高速发展，很多行业形态都发生了质的转变。但是我们也要懂得区分哪些企业所处的行业是适合网络效应的，可以让企业通过网络效应做到用户增长的同时，降低运营成本。

网络效应确实可以在很短的时间内成就一些伟大企业，但是我们也要学会具体行业具体分析，网络效应的最终目标是用户规模最大化，同样随着用户规模的扩大，运营成本也要随着下降才行，否则用户规模越大，成本越高。

这一节重点讲了企业的竞争壁垒，只有具备竞争壁垒的企业才能给投资者带来稳定持续的超额回报。但在商业世界中，所有企业的发展都是动态化的，无时无刻不在变化着，所以我们看待问题也一定要与时俱进，不要过于死板和固化。

第五节　企业的成长空间

这一节将要拆解企业的成长空间，这部分决定着这家企业最终可以走多远，可以达到多大的规模。

我会通过 A 股上市企业告诉你，什么才是企业未来确定的成长空间。

我先问大家一个问题：企业所在的行业市场需求巨大，同时企业本身也足够优秀，可以认为该企业非常具有潜力，最终伴随着行业的需求提升，规模会越做越大吗？问题的答案我留在拆解企业后给出。

金螳螂企业分析

金螳螂成立于 1993 年，是我国建筑装饰领域的首家上市公司。承接的项目包括公共建筑装饰和住宅装饰等，近年来加大 EPC 业务开拓力度。金螳螂是装饰行业当之无愧的龙头企业，连续 17 年蝉联"中国建筑装饰行业百强"第一名。截至 2019 年底，累计获得 403 项"中国建筑装饰奖"，累计获得 108 项"鲁班奖"。

金螳螂 2006 年上市以来，收入增长了约 16 倍，复合增速达到 24.6%；净利润增长了 34 倍，复合增速达到 31.5%。企业发展可以分为三个阶段：高速增长期（2006—2013 年），业务调整期（2014—2017 年），复苏期（2018 年至今）。金螳螂的主营业务非常突出，2019 年装饰合同占比达到了 94%，其中公装、住宅装饰占比分别为 56.5% 和 37.5%。

第二章 定性分析：如何具备发掘价值的能力

通过以上数据，应该可以很清晰地认识到金螳螂是行业的龙头，主营业务突出，收入和利润增幅亮眼。为了更好地了解这家企业和所处的大行业，下面我带着大家快速了解建筑装饰行业。

建筑装饰行业是建筑行业的重要组成部分，建筑装饰行业按照对象划分，可以分为公共建筑装饰行业、住宅装饰行业、幕墙行业等。其中前两个就是金螳螂的绝对主营业务。建筑装饰行业的上游是各类建筑材料供应商，包括石材、钢材、油漆、实木等建筑材料。建筑装饰行业的下游主要是政府机构、地产商等，对应的业态包括酒店、文教体卫建筑、办公楼、商业楼宇等。

以金螳螂占比56.5%的公装来看，目前公共建筑装饰增长受公共建筑、星级酒店发展影响较大。占比37.5%的住宅装饰增长又受我国房地产投资和销售影响极大。

2005—2013年，我国装饰行业产值复合增速达22%，主要是受到房地产投资和基建投资高增长的双重驱动。

（1）2009年之前，行业高景气主要是受房地产开发投资高增长驱动，房地产开发复合增速超过20%。

（2）2009—2013年，装饰行业高景气除了受地产投资反弹影响外，还受"四万亿"刺激计划带来的基建投资高增长影响。

2013年之前，我国固定资产投资长期高增长，增速基本在20%以上。固定资产投资高增长产生的各类建筑空间，给装饰行业带来了极大的需求，进而驱动了我国装饰行业的发展。2013年之前，装饰行业产值增速基本在20%以上。

2014年开始我国装饰行业进入加速调整期，行业产值复合增速仅为3.6%，主要是受到我国地产投资增长趋缓的影响。

（1）2013年中央政府印发"停建楼堂馆所"的通知，相关高端公建装修受到较大影响。

（2）2015年装修产值仅增长1%，主要由于当年房地产投资断崖式下跌。

2016—2018年装修产值维持低速增长，2019年产值增速首次为负，主要是受到商业营业用房投资负增长的影响。

公共建筑装饰行业：公装行业的市场需求非常大，如果单纯地看整个行业，一定会让你错误地判断，在这个行业的优质企业将来随着市占率的提升，会成为市值达千亿甚至万亿元的巨型企业。虽然整个行业确实是需求大，但集中度非常分散，行业排在前十名的企业市场份额不足8.7%。其中龙头企业金螳螂的市占率仅有1.16%。这是由公装行业的市场需求特点决定的，具有明显的地域性，并且采用招标模式来采购服务，这就决定了以金螳螂为首的企业无法获取超额收益，对行业利润分配没有任何话语权。公装行业这种"To B"的商业模式也决定了企业现金流较差，下游是有账期的，尤其处于经济下行周期时有更大的经营压力，其实金螳螂已经在各个方面表现得非常出色了，ROE指标也是领先同行的。

住宅（家庭）装饰行业：家装行业也是一个上万亿元级的市场，跟公装行业面临着同样的问题，只是更严重而已，品牌企业市场占有率极低，上市的两家企业市占率仅有0.37%。家装行业的特点是低频消费，下游客户对个性化服务要求非常高，同时行业进入门槛极低，施工标准无法统一。站在企业的角度来看，获客成本高，很难统一标准操作，分阶段确认收入。家装是"To C"的市场，对于企业来说，有更优质的现金流，受经济周期影响相对较小，相对公装行业毛利率较高，同样营销费用也

第二章 定性分析：如何具备发掘价值的能力

更高。

截至 2021 年 8 月 30 日收盘，金螳螂总市值为 186.46 亿元。守着几万亿元的市场，行业龙头企业上市 15 年，目前市值也不到 200 亿元。

通过以上行业分析，并结合金螳螂这家行业中的龙头企业，我们可得出一个结论：行业的需求空间大，不代表企业可以同样获得高增长空间。我们需要分析企业真正可以获得多少下游客户，这才是企业真正的未来增长点。

本章作业：请选择一家企业进行商业模式三要素分析（最好是你股票账户的企业）。

提交作业请关注微信公众号：亮叔财富观。

回复关键字："第二章作业"。

对优质作业，我将赠送我的录播课和经典投资书籍。

第三章 定量分析：利用财报发掘优质企业

第一节 现金流量表是企业的命脉

不管是初创企业还是已经在行业中成为龙头的上市企业，对于一家企业来说最重要的一定是现金流。企业持有充沛的现金流对于企业的安全运营显得至关重要。

一、快速看懂现金流量表

我们先来看一张2020年海天味业的现金流量表（见表3-1），如果你是第一次看现金流量表，一定会觉得十分复杂。表中包含六大部分，而且每个部分的内容看上去都很多。我先来把现金流量表拆解一下，让这张表变得简洁化。跟着我一起先站在企业的角度来拆解现金流量表，假如你要成立一家企业，你需要考虑几个方面呢？

表3-1 海天味业的现金流量表

单位：元

项　　目	附注	2020年度	2019年度
一、经营活动产生的现金流量：			
销售商品、提供劳务收到的现金		26,730,426,331.93	23,458,432,379.73
客户存款和同业存放款项净增加额			
向中央银行借款净增加额			
向其他金融机构拆入资金净增加额			
收到原保险合同保费取得的现金			
收到再保业务现金净额			

第三章 定量分析：利用财报发掘优质企业

（续）

项 目	附注	2020年度	2019年度
保户储金及投资款净增加额			
收取利息、手续费及佣金的现金			
拆入资金净增加额			
回购业务资金净增加额			
代理买卖证券收到的现金净额			
收到的税费返还		11,804,852.11	11,043,693.38
收到其他与经营活动有关的现金		288,548,540.26	198,472,179.83
经营活动现金流入小计		27,030,779,724.30	23,667,948,252.94
购买商品、接受劳务支付的现金		13,992,984,691.51	12,039,415,284.50
客户贷款及垫款净增加额			
存放中央银行和同业款项净增加额			
支付原保险合同赔付款项的现金			
拆出资金净增加额			
支付利息、手续费及佣金的现金			
支付保单红利的现金			
支付给职工及为职工支付的现金		1,199,926,771.99	946,858,493.22
支付的各项税费		2,957,262,971.66	2,653,304,804.76
支付其他与经营活动有关的现金		1,930,173,274.16	1,460,800,181.94
经营活动现金流出小计		20,080,347,709.32	17,100,378,764.42
经营活动产生的现金流量净额		6,950,432,014.98	6,567,569,488.52
二、投资活动产生的现金流量：			
收回投资收到的现金		7,085,000,000.00	11,100,107,500.00
取得投资收益收到的现金		192,620,212.18	206,648,007.09
处置固定资产、无形资产和其他长期资产收回的现金净额		1,620,103.97	3,367,507.29

（续）

项目	附注	2020 年度	2019 年度
处置子公司及其他营业单位收到的现金净额			
收到其他与投资活动有关的现金		416,016,728.16	261,467,939.97
投资活动现金流入小计		7,695,257,044.31	11,571,590,954.35
购建固定资产、无形资产和其他长期资产支付的现金		906,995,127.40	582,632,086.23
投资支付的现金		8,579,500,000.00	10,900,107,500.00
质押贷款净增加额			
取得子公司及其他营业单位支付的现金净额		57,787,351.70	
支付其他与投资活动有关的现金		70,550,695.66	
投资活动现金流出小计		9,614,833,174.76	11,482,739,586.23
投资活动产生的现金流量净额		-1,919,576,130.45	88,851,368.12
三、筹资活动产生的现金流量：			
吸收投资收到的现金			
其中：子公司吸收少数股东投资收到的现金			
取得借款收到的现金		107,200,000.00	19,600,000.00
收到其他与筹资活动有关的现金			
筹资活动现金流入小计		107,200,000.00	19,600,000.00
偿还债务支付的现金		130,700,000.00	19,600,000.00
分配股利、利润或偿付利息支付的现金		2,921,184,860.63	2,647,449,682.50
其中：子公司支付给少数股东的股利、利润			

（续）

项目	附注	2020年度	2019年度
支付其他与筹资活动有关的现金		4,290,097.51	
筹资活动现金流出小计		3,056,174,958.14	2,667,049,682.50
筹资活动产生的现金流量净额		-2,948,974,958.14	-2,647,449,682.50
四、汇率变动对现金及现金等价物的影响			
五、现金及现金等价物净增加额		2,081,880,926.39	4,008,971,174.14
加：期初现金及现金等价物余额		13,434,799,612.69	9,425,828,438.55
六、期末现金及现金等价物余额		15,516,680,539.08	13,434,799,612.69

经营一家企业，我们需要给顾客提供我们的产品，可以是有形产品也可以是无形产品，海天味业提供的就是调味品，微软提供的就是操作系统。

有了产品我们就要开始完成销售任务，必须把产品卖出去，企业销售出去商品或者提供有价劳务就会收到现金，最终体现在现金流量表中就是销售商品、提供劳务收到的现金。

国家经常会扶持企业，给企业提供一些优惠政策，比如增值税即征即退、出口退税及其他税收优惠政策的税费返还，体现在现金流量表中就是收到各种税费。除了以上两个部分，例如企业收到的租金、自有资金收到的利息等反映在收到的其他与经营活动有关的现金。

除了往企业里挣钱，我们为了企业的经营也必须往外花钱。企业需要购买原材料和服务这部分的现金支出，属于购买商品、接受劳务支付的现金。企业需要聘请员工并且给员工支付各项福利等部分，属于支付给职工以及为职工支付的现金。成立企业就要给国家缴纳税费,这部分属于支付的各项税费。

除了以上需要往外花钱的部分,与经营有关的现金支付,例如办公室的租金、业务招待等项目,属于支付的其他与经营活动有关的现金。以上部分属于我们企业开门营业的经营活动现金流。

其中又分成两部分,分别是经营活动现金流入的主要科目。

(1) 销售商品、提供劳务收到的现金。

(2) 收到各种税费。

(3) 收到的其他与经营活动有关的现金。

经营活动现金流出的主要科目如下。

(1) 购买商品、接受劳务支付的现金。

(2) 支付给职工以及为职工支付的现金。

(3) 支付的各项税费。

(4) 支付的其他与经营活动有关的现金。

企业经营已经开始步入正轨,有了自己的主打产品,也获得了稳定的销售收入。接下来必然会产生投资行为,这就跟我们自己家庭一样,会去购买股票、债券、基金、不动产等。

企业出售、转让或到期收回除现金等价物以外的短期投资、长期股权投资而收到的现金,以及收回长期债权投资本金而收到的现金,但不包括长期债权投资收回的利息,以及收回的非现金资产,这部分属于收回投资所收到的现金。企业自身也会参与各种投资,投资中分得的利息等收益属于取得投资收益收到的现金。

随着企业自身的规模越来越大,会涉及卖出固定资产、无形资产和其他长期资产,其中获得的净利润属于处置固定资产、无形资产和其他长期资产而收到的现金净额。

除了以上项目外,企业收到的其他与投资活动有关的现金流入属于收到的其他与投资活动有关的现金。

企业发展不能只进钱不投资,所以企业需要支付现金去购买固定资产、无形资产和其他长期资产。例如,万华化学需要购买土地、厂房和设备去扩大产能,这部分现金流出属于购建固定资产、无形资产和其他长期资产所支付的现金。

企业自身也会进行各种投资,例如,短期股票投资、长期股权投资、长期债券投资,以及支付的佣金、手续费等附加费用,这部分现金流出属于投资所支付的现金。以上部分属于企业稳定后都要有的投资活动现金流。

其中又分成两部分,分别是投资活动现金流入的主要科目。

(1) 收回投资所收到的现金。

(2) 取得投资收益收到的现金。

(3) 处置固定资产、无形资产和其他长期资产而收到的现金净额。

(4) 收到的其他与投资活动有关的现金。

以及投资活动现金流出的主要科目。

(1) 购建固定资产、无形资产和其他长期资产所支付的现金。

(2) 投资所支付的现金。

企业为什么要在二级市场上市?是为了更快速、高效率地获得融资,二级市场就是公开透明的融资渠道。

上面已经讲完了经营活动现金流量和投资活动现金流量,第三个部分就是企业的融资活动现金流量。

企业在二级市场上市发行股票获得的收入减去发行费用,这部分现金流入属于吸收投资收到的现金。企业因为经营需要举借各种短期、长期借款所收到的现金流入,属于借款所收到的现金。

企业除上述各项目外,收到的其他与融资活动有关的现金流入,如接受现金捐赠等,属于收到的其他与融资活动有关的现金。

俗话说,有借有还再借不难,企业也经常会因为各种原因产生借款,借了钱就要还钱。反映企业以现金偿还债务的本金,包括偿还金融企业的借款本金、偿还债券本金等现金流出,属于偿还债务所支付的现金。

企业每年盈利后都需要给股东支付现金股利等现金流出,属于分配股利、利润和偿付利息所支付的现金。

企业除了上述各项外,支付的其他与融资活动有关的现金流出,如捐赠现金支出等,其他现金流出如价值较大的,单独列项目反映支付的其他与融资活动有关的现金,都属于企业的融资活动现金流。

其中又分成两部分,分别是融资活动现金流入的主要科目。

(1) 吸收投资收到的现金。

(2) 借款所收到的现金。

(3) 收到的其他与融资活动有关的现金。

以及融资活动现金流出的主要科目。

(1) 偿还债务所支付的现金。

(2) 分配股利、利润和偿付利息所支付的现金。

(3) 支付的其他与融资活动有关的现金。

所以，我们可以把现金流量表简化为三部分：经营活动、投资活动、融资活动。通过现金流量表发现企业存在的潜在风险，才是我们学习现金流量表的最终目的。

（1）经营活动经常在以下三个方面出现异常。

1）经营活动现金流净额远低于净利润，如果出现了这个问题，需要我们关注企业真实的利润来源，有可能企业的主营业务出现了问题，利润并不是由主营业务创造的。

2）经营活动现金流持续出现负值，偶尔出现一次其实可以理解，但持续出现值得我们重视和警觉。

3）要高度重视应付账款和应付票据增加导致的经营活动现金流净值为正。这说明企业依靠拖欠上下游的资金来维持经营活动现金流的表面繁荣，潜在风险巨大。

（2）投资活动主要在以下两方面出现异常。

1）需要注意在投资活动中因为出售固定资产或者其他长期资产而使投资活动现金流入量加大，通常预示着企业的主营业务做得并不理想。企业已经开始卖房子卖地了，说明遇到了危机，值得仔细分析原因。

2）购买固定资产、无形资产的支出，持续高于经营活动现金流的净值，说明企业持续借钱维持投资行为。既然钱不是由主营业务挣来的，那就是从融资渠道借来的。这个时候需要我们高度重视，判断这种投资行为是否具有可行性。

（3）融资活动主要在以下两方面出现异常。

1）企业为了融资支付了远远高于市场正常水平的利息或者居间费，我们可以通过分配股利、利润，或偿付利息支付的现金和支付其他与筹资活动有关的现金两个科目里查找明细。这说明企业很需要快速拿到融资，企业非常缺钱。缺钱的原因一定要去查明，值得我们高度重视。

2）企业本身需要大量资金时，取得借款收到的现金远远小于归还借款支付的现金，这说明银行降低了对该企业的贷款意愿。

以上是我们阅读现金流量表应该重视的内容。

二、如何通过现金流量表筛选优质企业

我给大家总结了四个通过现金流量表筛选优质企业的要点。

（1）经营活动产生的现金流量净值必须大于净利润，且净利润不能为零或负数。

（2）销售商品、提供劳务收到的现金必须大于营业收入。

（3）投资活动现金流出大于投资活动现金流入主要是用于扩张。

（4）现金及现金等价物净增加额大于零。

对于以上四个要点，我们要对连续几年的数据做分析，不能单独只看一年的数据。

第二节　资产负债表是企业的动态

这一节我们一起来拆解资产负债表。一家企业从成立之日起，股东就要拿出来真金白银开始投资了，如何反映股东的钱都去了哪里？都购买了哪些资产（有形资产、无形资产）？这就需要一张报表来展示上面的详细内容了。我们来看一张截至2020

年12月31日贵州茅台的资产负债表(见表3-2)。

资产负债表看起来科目繁多,其实我们只要记住一个等式就可以化繁为简了。

$$资产 = 负债 + 所有者权益(股东权益)$$

我们来分别拆解贵州茅台资产负债表中的资产、负债和所有者权益(股东权益)。

表3-2 贵州茅台的资产负债表

单位:元

项 目	附注	2020年12月31日	2019年12月31日
流动资产:			
货币资金	1	36,091,090,060.90	13,251,817,237.85
结算备付金			
拆出资金	2	118,199,586,541.06	117,377,810,563.27
交易性金融资产			
衍生金融资产			
应收票据	3	1,532,728,979.67	1,463,000,645.08
应收账款	4		
应收款项融资			
预付款项	5	898,436,259.15	1,549,477,339.41
应收保费			
应收分保账款			
应收分保合同准备金			
其他应收款	6	34,488,582.19	76,540,490.99
其中:应收利息			
应收股利			
买入返售金融资产			
存货	7	28,869,087,678.06	25,284,920,806.33
合同资产			

（续）

项目	附注	2020年12月31日	2019年12月31日
持有待售资产			
一年内到期的非流动资产			
其他流动资产	8	26,736,855.91	20,904,926.15
流动资产合计		185,652,154,956.94	159,024,472,009.08
非流动资产：			
发放贷款和垫款	9	2,953,036,834.80	48,750,000.00
债权投资	10	20,143,397.78	
其他债权投资			
长期应收款			
长期股权投资			
其他权益工具投资			
其他非流动金融资产	11	9,830,052.91	319,770,404.05
投资性房地产			
固定资产	12	16,225,082,847.29	15,144,182,726.19
在建工程	13	2,447,444,843.03	2,518,938,271.72
生产性生物资产			
油气资产			
使用权资产			
无形资产	14	4,817,170,981.91	4,728,027,345.70
开发支出			
商誉			
长期待摊费用	15	147,721,526.43	158,284,338.19
递延所得税资产	16	1,123,225,086.37	1,099,946,947.57
其他非流动资产			
非流动资产合计		27,743,655,570.52	24,017,900,033.42
资产总计		213,395,810,527.46	183,042,372,042.50

(续)

项　　目	附注	2020年12月31日	2019年12月31日
流动负债:			
短期借款			
向中央银行借款			
拆入资金			
交易性金融负债			
衍生金融负债			
应付票据			
应付账款	17	1,342,267,668.12	1,513,676,611.44
预收款项			13,740,329,698.82
合同负债	18	13,321,549,147.69	
卖出回购金融资产款			
吸收存款及同业存放	19	14,241,859,949.77	11,048,756,010.02
代理买卖证券款			
代理承销证券款			
应付职工薪酬	20	2,981,125,503.86	2,445,071,026.57
应交税费	21	8,919,821,015.58	8,755,949,266.98
其他应付款	22	3,257,245,259.42	3,589,516,599.01
其中: 应付利息			11,081.87
应付股利			446,880,000.00
应付手续费及佣金			
应付分保账款			
持有待售负债			
一年内到期的非流动负债			
其他流动负债	23	1,609,801,368.51	
流动负债合计		45,673,669,912.95	41,093,299,212.84
非流动负债:			

（续）

项　目	附注	2020年12月31日	2019年12月31日
保险合同准备金			
长期借款			
应付债券			
其中：优先股			
永续债			
租赁负债			
长期应付款			
长期应付职工薪酬			
预计负债			
递延收益			
递延所得税负债	16	1,457,513.23	72,692,601.01
其他非流动负债			
非流动负债合计		1,457,513.23	72,692,601.01
负债合计		45,675,127,426.18	41,165,991,813.85
所有者权益（或股东权益）：			
实收资本（或股本）	24	1,256,197,800.00	1,256,197,800.00
其他权益工具			
其中：优先股			
永续债			
资本公积	25	1,374,964,415.72	1,374,964,415.72
减：库存股			
其他综合收益	26	-5,331,367.75	-7,198,721.79
专项储备			
盈余公积	27	20,174,922,608.93	16,595,699,037.02
一般风险准备	28	927,577,822.67	898,349,936.77
未分配利润	29	137,594,403,807.99	115,892,337,407.39

第三章 定量分析：利用财报发掘优质企业

（续）

项　　目	附注	2020年12月31日	2019年12月31日
归属于母公司所有者权益（或股东权益）合计		161,322,735,087.56	136,010,349,875.11
少数股东权益		6,397,948,013.72	5,866,030,353.54
所有者权益（或股东权益）合计		167,720,683,101.28	141,876,380,228.65
负债和所有者权益（或股东权益）总计		213,395,810,527.46	183,042,372,042.50

一、资产

资产端表示了资金流出的方向，说得直白点就是钱都购买了哪些标的，这些标的是如何变成企业资产的。从资产的变现速度看可以分为两大类。

（1）流动资产：变成现金的速度极快。

（2）非流动资产：变现的速度会慢很多，甚至有一些资产几年内都无法变现。

1. 流动资产

第一项是货币资金。什么是货币资金？说白了就是钱。不管是放在银行里的钱，还是放在公司的钱，都是企业的货币资金。一旦企业需要用钱马上可以拿来使用。

第二项是应收账款。为什么会有应收账款？在销售产品的时候，经常有卖掉产品或服务却不能马上收到钱的情况发生，因为市场竞争激烈，卖方又不想失去这个客户，所以愿意承担风险，让买方延迟付款。在这种情况下，卖方便获得了收款的权利，这种收款的权利就叫作应收账款（其实就是赊账给其他企业）。

第三项是预付账款。预付账款是怎么产生的呢？在有些情况下，比如货品相当紧缺（如茅台），卖方可能会要求买方预付一笔定金，甚至要求买方预付所有的货款。而买方也想要拿到紧缺的产品或服务，因而也愿意提前把钱付给卖方。这样就产生了预付账款。

预付账款能带来什么？它带来了一种向卖方收货的权利，预付账款相当于是暂存在卖方处的，只要买方没有获得产品，就都具有这笔预付账款的所有权。因此，预付账款也是一项重要的资产。当然，如果一家企业的预付账款过多，说明这家企业相对被动，不是一件好事。

第四项是存货。生产产品所需的"原材料"、生产出来的"产成品"，以及尚且处在生产过程中的没有完工的"在产品"，都属于存货。一定要单独区分不同行业的存货，例如茅台的存货就是硬通货，存得越久卖得越贵。反而服装企业的存货一旦超过一定数量，就是大雷区。这会大量挤占企业资金，危险程度值得警惕。

上面介绍的货币资金、应收账款、预付账款、存货都是企业的流动资产，各项流动资产在资产负债表中是按照它们各自转换为现金的速度来排序的。谁的速度最快谁就排在前面。

最后我们给流动资产下个定义：企业可以在一年或者超过一年的一个营业周期内变现或者运用的资产。

2. 非流动资产

流动资产以外的资产都包含在非流动资产项目里。

第一项是长期投资。其中包括能够对被投资企业实施控制，或者与合营企业共同对被投资企业实施控制，或者对被投资企业具有重大影响的权益性投资（股权投资）。

第二项是固定资产。固定资产是同时具有下列特征的有形资产。

（1）为生产商品、提供劳务、出租或经营管理而持有。

（2）使用寿命超过一个会计年度。

值得注意的是，在使用的过程中，固定资产会逐渐损耗，其价值也会随着损耗逐渐降低。因此，会计在记账的时候，还需要不断描述这个损耗的量，即折旧。那么又有人要问了，当土地是固定资产时，那土地要怎么折旧呢？

事实上，土地不会随着时间的不断流逝而变得破旧不堪；相反，它可能还会随着时间而不断增值，因此对于土地而言，是不会考虑折旧的。

第三项是无形资产。企业拥有或者控制的没有实物形态的可辨认非货币性资产。本科目核算企业持有的无形资产成本，包括专利权、非专利技术、商标权、著作权、土地使用权等。

上面就是资产（流动资产+非流动资产）部分，等式的左边，我带着大家详细拆解完了。

最后，我们需要加在一起算一下企业的资产总和。

二、负债

等式的右边有两大项，一项是负债，另一项是所有者权益（股东权益）。先从负债拆解。

我们首先要给资产负债表中的负债下个定义：由过去的交易或事项所引起的公司、企业的现有债务，这种债务需要企业在将来以转移资产或提供劳务加以清偿，从而引起未来经济利益的流出。

上面我们把资产分为流动资产和非流动资产，同样负债我们也分为流动负债和非流动负债。

1. 流动负债

第一项是短期借款。企业用来维持正常的生产经营所需的资金或为抵偿某项债务而向银行或其他金融机构等外单位借入的、还款期限在一年以下（含一年）的一个经营周期内的各种借款。大部分企业都有短期借款，这种借款归还时间很短，都要在一年以内偿还。

第二项是应付账款。是企业欠供应商的货款，如果买方向卖方购买商品时不能及时打款，那卖方就多了一笔应收账款，而买方就多了一笔应付账款。对于买方而言，这笔钱就是一笔负债。

第三项是其他应付款。企业在商品交易业务以外发生的应付和暂收款项。具体指企业除应付票据、应付账款、应付工资、应付利润等以外的应付、暂收其他单位或个人的款项。

第四项是预收账款。买卖双方协议商定，由购货方预先支付一部分货款给供应方而发生的一项负债。

2. 非流动负债

第一项是长期借款。企业从银行或其他金融机构借入的期限在一年以上（不含一年）的借款。如果站在资金使用成本的角度考虑，银行或其他金融机构愿意借钱，并且时间长，使用成本低，这个资金必须用起来。我们个人买房的银行贷款就属于我们家庭自己的长期借款。

第二项是应付债券。企业为筹集资金而对外发行的、期限在一年以上的长期借款性质的书面证明，是一种约定在一定期限内还本付息的书面承诺。到了时间必须还本付息。

第三项是长期应付款。企业除了长期借款和应付债券以外的长期负债，还包括应付引进设备款、应付融资租入固定资产的租赁费等。

以上就是负债部分（流动负债+非流动负债），最后是所有者权益（股东权益）。

三、所有者权益

所有者权益又叫股东权益，一般来说，有限责任公司习惯叫所有者权益，股份有限公司习惯叫股东权益。所有者权益（股东权益）是指公司总资产中扣除负债所余下的部分，也称为净资产。所有者权益是一个很重要的财务指标，它反映了公司的自有资本。

所有者权益里一共有四个项目，分别是股本、资本公积、盈余公积和未分配利润。

第一项是股本。股东在公司中所占的权益，多用于股票。

第二项是资本公积。企业收到的股东超出其在企业注册资本中所占份额，以及直接记入所有者权益的利得和损失等。资本公积包括资本溢价（股本溢价）和直接记入所有者权益的利得和损失等。

股本和资本公积是股东从外面拿进来的钱，现在我们再来看看企业自身留下来的钱。

第三项是盈余公积。企业按照规定从净利润中提取的各种积累资金。这部分属于企业每年留下来的一部分利润和。

第四项是未分配利润。企业未作分配的利润。它在以后年度可继续进行分配，在进行分配之前，属于所有者权益的组成部分。

以上就是资产、负债、所有者权益（股东权益）的全部拆分。

现在你需要思考一个问题：资产负债表的存在意义是什么？要传达哪些信息？

资产负债表的左边告诉我们：投入公司的钱都买了哪些标的，有哪些仍然以钱（现金存款）的形式存在，有哪些变成了应收款，还有哪些变成了原材料、产成品、在产品、厂房、设备、汽车、电脑、土地使用权、专利、专有技术……因此，资产负债表左边说的是，钱被拿去做什么了。

资产负债表的右边告诉我们：企业的钱是从哪儿来的；哪些是股东投入的，哪些是从银行借的，哪些是公司欠供应商的，哪些是欠员工的、欠税务局的，等等。

很显然，进来的钱跟用掉的钱在金额上必须相等，这就意味着资产负债表左边的资产与右边的负债和所有者权益之和相等。

资产负债表的存在可以让投资者全面了解企业的财务状况。让我们清楚股东投入的资金都去了哪里，又欠了谁的钱，这就是资产负债表提供的信息。值得注意的是，资产负债表只能描述制表时企业的财务状况。因此，资产负债表是一个时点的概念，它只是给企业的财务状况做了一次年终体检。

第三节　利润表是企业的原动力

创立企业最终还是为了可以盈利，谈钱不伤感情，所以想知道企业是否盈利，那就必须来拆解利润表。利润表也被称为"损益表"，即损失和收益。上市公司在发布年度报告时，会单独发布一份"年报摘要"，其中展示的大部分数据都来自利润表。年度财务报告里也会单列一节内容"会计数据及财务指标摘要"，其中大部分数据同样来自利润表。我们还是先来看一张茅台2020年1—12月合并利润表（见表3-3）。

表3-3　贵州茅台的利润表

单位：元

项目	附注	2020年度	2019年度
一、营业总收入		97,993,240,501.21	88,854,337,488.76
其中：营业收入	30	94,915,380,916.72	85,429,573,467.25
利息收入	31	3,077,859,584.49	3,424,471,568.68
已赚保费			
手续费及佣金收入	31		292,452.83
二、营业总成本		31,305,130,587.56	29,812,253,033.37

（续）

项目	附注	2020年度	2019年度
其中：营业成本	30	8,154,001,476.28	7,430,013,945.12
利息支出	31	111,128,537.31	145,752,825.87
手续费及佣金支出	31	105,888.96	73,178.40
退保金			
赔付支出净额			
提取保险责任准备金净额			
保单红利支出			
分保费用			
税金及附加	32	13,886,517,290.78	12,733,292,400.79
销售费用	33	2,547,745,650.95	3,278,990,982.26
管理费用	34	6,789,844,289.39	6,167,982,844.22
研发费用	35	50,398,036.33	48,688,841.05
财务费用	36	-234,610,582.44	7,458,015.66
其中：利息费用			
利息收入		278,697,733.32	20,667,205.74
加：其他收益	37	13,138,152.69	18,768,906.58
投资收益（损失以"-"号填列）	38	305,631.46	
其中：对联营企业和合营企业的投资收益			
以摊余成本计量的金融资产终止确认收益			
汇兑收益（损失以"-"号填列）			
净敞口套期收益（损失以"-"号填列）			

第三章 定量分析：利用财报发掘优质企业

（续）

项　　目	附注	2020 年度	2019 年度
公允价值变动收益（损失以"-"号填列）	39	4,897,994.43	-14,018,472.46
信用减值损失（损失以"-"号填列）	40	-71,371,809.85	-5,313,489.80
资产减值损失（损失以"-"号填列）			
资产处置收益（损失以"-"号填列）	41		-32,123.57
三、营业利润（亏损以"-"号填列）		66,635,079,882.38	59,041,489,276.14
加：营业外收入	42	11,051,136.15	9,454,451.03
减：营业外支出	43	449,189,027.42	268,391,929.45
四、利润总额（亏损总额以"-"号填列）		66,196,941,991.11	58,782,551,797.72
减：所得税费用	44	16,673,612,108.71	14,812,551,005.21
五、净利润（净亏损以"-"号填列）		49,523,329,882.40	43,970,000,792.51
（一）按经营持续性分类			
1. 持续经营净利润（净亏损以"-"号填列）		49,523,329,882.40	43,970,000,792.51
2. 终止经营净利润（净亏损以"-"号填列）			
（二）按所有权归属分类			
1. 归属于母公司股东的净利润（净亏损以"-"号填列）		46,697,285,429.81	41,206,471,014.43
2. 少数股东损益（净亏损以"-"号填列）		2,826,044,452.59	2,763,529,778.08

(续)

项目	附注	2020年度	2019年度
六、其他综合收益的税后净额	45	1,867,354.04	-132,996.09
（一）归属母公司所有者的其他综合收益的税后净额		1,867,354.04	-132,996.09
1. 不能重分类进损益的其他综合收益			
（1）重新计量设定受益计划变动额			
（2）权益法下不能转损益的其他综合收益			
（3）其他权益工具投资公允价值变动			
（4）企业自身信用风险公允价值变动			
2. 将重分类进损益的其他综合收益		1,867,354.04	-132,996.09
（1）权益法下可转损益的其他综合收益			
（2）其他债权投资公允价值变动			
（3）金融资产重分类计入其他综合收益的金额			
（4）其他债权投资信用减值准备			
（5）现金流量套期储备			
（6）外币财务报表折算差额		1,867,354.04	-132,996.09
（7）其他			

（续）

项目	附注	2020年度	2019年度
（二）归属于少数股东的其他综合收益的税后净额			
七、综合收益总额		49,525,197,236.44	43,969.867,796.42
（一）归属于母公司所有者的综合收益总额		46,699,152,783.85	41,206,338,018.34
（二）归属于少数股东的综合收益总额		2,826,044,452.59	2,763,529,778.08
八、每股收益			
（一）基本每股收益（元/股）		37.17	32.80
（二）稀释每股收益（元/股）		37.17	32.80

获取利润的第一步，需要把企业生产的商品或服务卖出去换得收入，利润表上的第一个项目是营业收入。企业卖出产品或服务所获得的收益是营业收入，而期间产生的成本则是营业成本。营业收入减去营业成本就得到了企业做这笔生意所获得的毛利。

第二个项目是税金及附加。以前，这项目叫作"营业税金及附加"，在"营改增"之后，这个项目也随之变成了"税金及附加"。

税金及附加是企业经营活动应负担的相关税费，包括消费税、城市维护建设税、资源税、房产税、城镇土地使用税、车船税、印花税等。

利润表中，除了有关税的项目之外，还有三个关于费用的项目。它们是销售费用、管理费用和财务费用，这三个项目就是我们通常所说的期间费用。

（1）销售费用：对一家生产产品、销售产品的企业来说，在销售过程中产生的费用就是销售费用。比如，把货物从仓库运到销售场所的运费、仓储费、广告费和其他为了促销而支出的一些费用、销售人员的工资等。

（2）管理费用：与企业的管理环节有关的一切费用。比如，管理部门各种人员的工资、行政开支、办公楼的折旧等，都是管理费用。因此，不同类型工作人员的工资往往属于不同的项目，销售人员的工资属于销售费用，而管理人员的工资属于管理费用。不同类型固定资产的折旧也属于不同的项目，门店的折旧属于销售费用，办公楼的折旧属于管理费用，而厂房的折旧属于生产成本。

（3）财务费用：企业会为短期借款或长期借款付出一定的利息，也会因在银行存款而获得一部分利息，这些利息都记录在这里。也就是说，利润表上的财务费用，实际上是借款利息减去存款利息的净额。因此，在正常情况下，财务费用是一个正数，但在特殊情况下，财务费用也有可能是一个负数。

在财务费用之后，我们还需要拆解三个项目才能到达第一个利润数字——"营业利润"。这三个项目中的第一项是投资收益。

（1）投资收益：对外投资所取得的利润、股利和债券利息等收入减去投资损失后的净收益。

（2）资产减值损失：因资产的账面价值高于其可收回金额而造成的损失。会计准则规定，资产减值范围主要是固定资产、无形资产以及除特别规定外的其他资产减值。

（3）公允价值变动收益：以公允价值计量且其变动记入当期损益的交易性金融资产。在资产负债表中，"交易性金融资产"的公允价值高于其账面价值的差额,应借记"交易性金融资产-公允价值变动",贷记"公允价值变动损益",公允价值低于其账面价值的差额,则做相反的分录。

到这里基本上就可以推算出企业的营业利润=营业收入-营业成本-税金及附加-销售费用-管理费用-财务费用-资产减值损失+公允价值变动收益+投资收益。

除了营业利润以外,企业还会有营业外收入和营业外支出。

(1)营业外收入:除企业营业执照中规定的主营业务以及附属的其他业务之外的所有收入。营业外收入主要包括:非流动资产处置利得、非货币性资产交换利得、出售无形资产收益、债务重组利得、企业合并损益、盘盈利得、因债权人原因确实无法支付的应付款项、政府补助、教育费附加返还款、罚款收入、捐赠利得等。

(2)营业外支出:企业发生的与企业日常生产经营活动无直接关系的各项支出。包括非流动资产处置损失、非货币性资产交换损失、债务重组损失、公益性捐赠支出、非常损失、盘亏损失等。

给营业外收入和营业外支出做个总结:它们都跟经营活动没有关系,而且它们都是由偶然因素造成的,不会持续发生。也正因为如此,营业外收入通常都显得不那么"靠谱"。

需要注意在营业外收入之后,还有一个特殊的项目叫作"补贴收入",也就是政府为一些企业提供的补贴。其实,它同样具有营业外收入的性质,但在会计上,仍然要把它单独列示。

另外,有的公司还会有汇兑损益,是汇率变化导致的。

到这里基本可以计算出一家企业在一定时间内到底赚到了多

少钱。营业利润+营业外收入－营业外支出+补贴收入+汇兑损益=利润总额。而利润总额－所得税=净利润,企业净利润即是通常理解的企业所赚到的钱。

净利润是企业在利润总额中按规定缴纳了所得税以后的利润留存,一般也称为税后利润或净收入。净利润是一家企业经营的最终成果：净利润多,企业的经营效益就好；净利润少,企业的经营效益就差。它是衡量一家企业经营效益的主要指标。

利润表就像一个漏斗,也许进来的收入有3000万元之多,但最后剩下的利润却可能只有500万元。因为在这个过程中,企业损耗掉了各种各样的东西。要知道,营业收入要减去成本、各种费用、各种税,最后才能得到净利润。

因此,我们得到了利润表的一个基本逻辑：收入扣除所有的成本费用,就得到了最终的利润。那么,整张利润表还传达出什么重要信息,值得我们投资者关注呢？

最基本的,利润表反映了企业是否赚钱、怎么赚钱这两个重要信息。此外,利润表将主营业务的营业利润与非主营业务的营业外收支和补贴收入分别展示,又可以帮助企业推断出自己在未来一段时间内的收益。因此对于投资者来说,利润表告诉了我们两件事,一是企业现在赚了多少钱,这些钱是从哪里赚的；二是企业自身未来的盈利状况。

也请大家注意,利润表是在1月到12月的整个时间段发生的,而资产负债表定格在了12月31日这一天。资产负债表是一个时点的概念,而利润表则是一个时段的概念。比如,利润表上显示出企业获得了500万元净利润,这绝不是说企业在制表的瞬间突然获得了500万元,而是说在过去一段时间,企业一共赚了

500万元。

因此,如果说资产负债表是给整个公司的财务状况做了一次年度总结并定格在了一个时间点上,那么利润表就是给这家公司的盈利状况录了一段视频,这是对12个月的记录。

第四节　活用三张报表打通任督二脉

作为投资者我们要如何使用三张报表?资产负债表、利润表、现金流量表共同反映一家企业的全部价值信息,但侧重点不同。

一、三张报表的核心看点

1. 资产负债表

资产负债表反映企业在一个时点上的财务状况,它记录企业有哪些资产,分别都是什么;有多少负债,短期负债与长期负债各占比多少,需要支付多少利息。一句话总结:资产负债表展示的是该企业在这个时点所拥有的资源情况。这些资源决定了企业持续经营和未来成长的潜力。

2. 利润表

利润表反映企业一段时间的经营成果,是当期报表时段的完整记录(1—12月)。它展示企业利用已有资源为他人提供产品或服务并实现自身盈利的过程及结果。简单讲,利润表回顾了某段时间的企业经营行为和最终的盈亏结果。

在创造价值并实现盈利的过程中，出让的资源（包含债务）会从资产负债表里面减去，换来的资源（包含债务）又成为新增资产或负债，两者的差额即所有者权益（股东权益）的增加或减少。

3. 现金流量表

现金流量表反映企业现金流入流出的完整过程，通过经营活动、投资活动、融资活动三个方面展示企业对现金的统筹管理能力，现金流量表是从现金流的角度对企业一段时间经营管理的完整记录。

4. 从两个视角看待三张报表

（1）收益的视角。资产负债表和利润表展示了，倘若这家企业能够继续生存，它将是什么样子——有多少家底，又有多少收益。

（2）风险的视角。现金流量表既涵盖了企业经营活动的现金流，又包括了企业投资和融资活动的现金流。也就是说，它把企业的经营、投资、融资活动又重新描述了一遍。看上去，现金流量表似乎做了一件重复的事。其实不然，不同于资产负债表和利润表，现金流量表是站在风险的角度，揭示企业的风险状况和持续经营的能力。

二、投资者必看的报表

投资者更关注哪张报表？投资者最关心企业的收益，关心企业未来的而非过去的或者现在的收益。到底是哪张财务报表最能展现企业未来的盈利水平呢？答案是利润表。

因为利润表将可持续的利润（经营利润）和不可持续的利润（营业外收支、补贴收入、汇兑损益）分别列示，不仅能展示企业现在赚了多少钱，还能使读报表的人形成对企业未来盈利的预期。所以，如果一个投资者想知道这家企业未来的盈利状况如何，就应该重视利润表。

三、三大报表之间的相互关系

现金流量表同资产负债表、利润表之间有紧密的联系。企业每笔进账，无论是债务融资、股东投入还是经营收入，都会引发现金流入。流入的现金或保留在企业或支出使用。

保留为现金就是企业的资产，构成资产负债表的货币资金。而企业所有的现金支出，又都会引起现金及现金等价物的增减变动，从而引发资产负债表和利润表的跟随变化。支出如果是减少债务，会改变资产负债表的负债数量。如果不是减少负债，则要么变成资产，要么变成费用。现金支出究竟变成资产还是费用，需要看该笔支出交换回来的资源，是在一年内起作用，还是要超过一年才能起作用。在一年内起作用的支出作为当期费用从利润表扣除即可；超出一年才会起作用的支出，形成资产计入资产负债表。

一家企业开创之初，股东投入的钱（所有者权益）和借款（负债），都会体现在现金流量表的流入，然后转化为资产负债表的资产和利润表的费用。

其中资产的使用和费用的支出,会给公司带来收入,记录在利润表中。收入会经过现金流量表这个入口,再回到企业中。如果收入大于费用,企业就是盈利的,所有者权益增加;反之,企业就是亏损的,所有者权益减少。因此,原本资产负债表的恒等式:资产 = 负债 + 所有者权益,同样也可以通过利润表变化为:

资产 = 负债 + 初始所有者权益 + 收入 – 费用

对企业财务状况的总体分析,常用的就是杜邦分析法,也是目前最经典的财务分析方法。这套方法由美国杜邦公司开创,通过对净资产收益率计算公式的详细分解,深入挖掘驱动企业利润的关键因子。

如果只能用一个指标来衡量企业的优劣,净资产收益率(ROE)是首选。

ROE = 净利润/净资产

以上的公式要告诉我们股东每投入一块钱,在某个营业周期内能获取多少净利润,所以这个指标越高越好。

杜邦分析法进一步将上面的公式做了详细分解,分解后的公式为:

净资产收益率 = (净利润/销售收入) × (销售收入/平均总资产) × (平均总资产/净资产)

上面的公式将企业投入资本获取净利润的途径拆分成了三个部分:产品净利润率(净利润/销售收入)、总资产周转率(销售收入/平均总资产)、杠杆系数(平均总资产/净资产)。

拆解成三个部分,是想说明一家企业想要盈利,必须源于上面的三个部分:产品净利润率的提升,总资产周转率的提升,放大杠杆获取更多资源的投入。以上三个部分都有相对完成出色的

企业

例如，产品净利润率的提升完成非常出色的就是茅台这样的企业，总资产周转率的提升完成出色的如海天味业，最后通过放大杠杆来提高收益的企业绝对是银行。其实，我们还是要多结合不同的行业，然后有针对性地选取企业具体分析，这样才能体现出杜邦分析法的价值。

四、通过三大报表提炼财务指标

财务指标分析是对不同数据横向和纵向的比较，重点从企业的盈利能力、安全性分析、管理层能力三个方面来体现。

1. 盈利能力

企业创立的最终目的都是通过售卖产品或提供服务从而完成利润的获取。股东将真金白银投入企业，目的是获取最大利润回报。因此净资产收益率就是衡量企业盈利能力最重要的指标。如果只看一个指标来评估企业的盈利能力，那一定是净资产收益率。

净资产收益率是净利润与所有者权益（净资产）的比率；计算公式有两种：一是全面摊薄净资产收益率＝净利润/期末净资产；二是加权平均净资产收益率＝净利润/平均净资产，其中，平均净资产＝（期初净资产＋期末净资产）/2。

两种净资产收益率计算方法的区别在于净资产的取值，取期末时点的数值，可能会因为会计年度内净资产变动的影响，使得计算结果不能够反映年度资产投入变化的情况，所以我们使用通过时间加权计算的平均净资产进行计算会更加准确。

净资产收益率是用来做什么的？净资产收益率是反映企业净资产创造净利润的能力的净资产收益率越高，说明企业投入净资产创造利润的能力越强，从一个方面反映企业的盈利能力。

2. 安全性分析

一家企业想要可持续经营，就要做好风险控制，所以这里我们来讲一下如何通过财务数据来判断一家企业的安全性。

安全性指企业是否具备及时偿还短期债务的能力。短期债务在财报里的科目叫"流动负债"，是企业在一年内需要偿付的债务。企业能够用于偿还流动负债的资产是流动资产。因此，安全性分析主要是观察流动资产与流动负债之间的关系。所以我们需要通过两个指标来衡量：流动比率和速度比率。流动比率 = 流动资产/流动负债，速度比率 = 速动资产/流动负债。

流动比率一般在 1.5~2.0 比较好，而速动比率在 1.0 附近会更好。流动比率越高，说明企业日常经营越不需要短期资金的支持，但比率过高表明资金利用效率低。

速动比率大于 1，说明一旦企业清算存货不能变现时，企业也有能力偿债；小于 1，则说明企业必须依靠变卖部分存货来偿还短期债务。

由于速动资产的定义是从流动资产里去除存货后的剩余部分，因此，速动比率还可以变形如下：速动比率 = (流动资产 - 存货)/流动负债。

企业的偿债能力指标除了流动比率和速动比率，还有一个值得我们重视的指标就是资产负债率：资产负债率 = 负债总额/资产总额。

从它的计算公式可以看出，它以资产为参照反映了企业的债务规模，进而揭示了企业的偿债能力，因为企业靠资产带来收益，如果以资产为参照，债务的规模所占的比重越大，一家企业偿还的可能性就越小，所以它从一个方面反映出了企业偿债能力的大小。当然，不同行业的资产负债率不能拿到一起比较，每个行业都有自己的特殊性。

例如房地产行业，房地产行业中排名前几的大企业，资产负债率就相当高，维持在 80%~90% 左右。行业龙头融创中国，在 2019 年中期的资产负债率甚至达到 90.84%，相当于 100 元的资产里面有 90 元是负债。所以用资产负债率这个指标时，我们需要具体行业具体分析。

3. 管理层能力

管理层能力实际就是企业的运营能力。运营能力主要反映在以下几个财务指标：应收账款周转率、存货周转率、固定资产周转率、总资产周转率等，核心思想其实就是看管理层在有限的时间内，对企业的已有资源是否可以多次利用。

应收账款周转率 = 营业收入/平均应收账款，平均应收账款 = (期初应收账款 + 期末应收账款)/2。这个数值越大，说明应收账款在一个年度里转化为现金的次数越多，企业的回款速度越快。这个指标需要跟以往的历史数据对比，也要跟同行业的企业对比。

存货周转率(次数) = 销货成本/平均存货余额，平均存货余额 = (期初存货 + 期末存货)/2，销货成本是指销售存货结转的成本，一般为主营业务成本。存货周转天数＝计算期天数/存货周转率（次数），对于计算期天数，假如是以年度为考察期，则计算期天数为360。如果企业是季节性生产企业，每个月的存货数量变化比较大，应当以年初数和12个月的存货余额平均后计算存货周转率。

存货周转率也可以用收入来计算，主要用于获利能力分析，其计算公式为：存货周转率（次数）＝销货收入/平均存货余额。存货周转率反映了企业存货周转的速度，同时也能够反映出企业流动资金被存货占用的情况和企业销售的情况。

存货是企业销售的一个环节，企业持有存货的目的在于将其销售出去获取收益，在没有销售出去的时候，存货会占用企业的资金，却不会产生收益，存货越多，占用的资金就越多。越高的存货周转率就意味着存货周转越快，在存货生产出来之后能被企业尽快地卖出去，此时存货占用的企业资金就较少，企业的现金流也就有保障，偿债能力也就越强，同时也表明企业销售情况较好，没有库存积压。

固定资产周转率＝营业收入/固定资产净值。固定资产周转率是权衡企业的固定资产（设备、厂房等）使用效率的指标。这个指标需要区别企业的类型，比如是"轻资产企业"还是"重资产企业"。

我们需要注意，因为计算固定资产周转率用的是平均固定资产净值，会受到企业折旧政策的影响，在进行企业间比较的时候，如果两家企业的折旧政策不同，那么就不存在可比性。比如折旧方法不同，一家企业用的是平均年限法，另一家企业则使用加速折旧的方法，那么此时，两家企业的固定资产周转率就不具

第三章　定量分析：利用财报发掘优质企业

备可比性。

因为固定资产每年都会计提折旧，所以固定资产净值是逐年下降的，如果是因为固定资产正常折旧使得固定资产周转率提高，并不能说明企业对于固定资产管理效率的提高。

总资产周转率＝营业收入/平均总资产。总资产周转率是企业一定时期的销售收入净额与平均资产总额之比，它是衡量资产投资规模与销售水平之间匹配情况的指标。我们运用总资产周转率分析评价资产使用效率时，还要结合销售利润一起分析。对资产总额中的非流动资产应计算分析。总资产周转率越高，说明企业销售能力越强，资产投资的效益越好。

本章作业：请分析一家企业的三大报表（最好是你股票账户中的企业）。
提交作业请关注微信公众号：亮叔财富观。
回复关键字："第三章作业"。

对优质作业，我将赠送我的录播课和经典投资书籍。

第四章 给企业定价：估值其实很简单

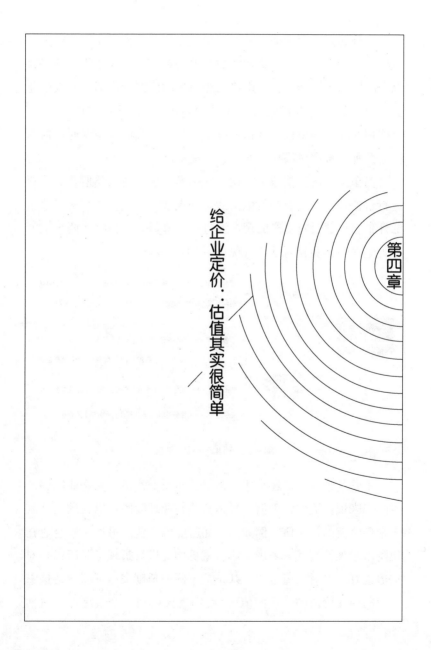

为什么要学习估值方法？估值究竟可以给我们在投资中提供哪些决策依据呢？因为企业的内在价值和二级市场的股票价格大部分时间是不同步的，但最终二级市场的股票价格都会反映企业的内在价值，所以我们需要通过"估值"这种科学的方法，去寻找那些在二级市场被低估的股票。反之，我们也需要通过估值去避开那些被严重高估的股票，避免追高。

简单地理解，估值是指用统一标准对现有的同类型企业重新进行价值评估。企业的价值由一系列现金流构成，那么资产价格的评估自然通过对资产的现金流进行计算得到。估值从两个维度分为绝对估值和相对估值（见图4-1）。

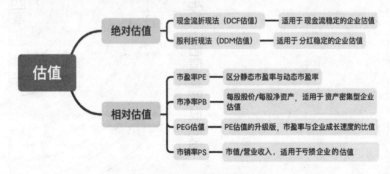

图4-1 估值的两个维度

不管是绝对估值还是相对估值，本质上都是一家企业能够产生的未来现金流的折现值。只是有些企业现阶段可以大致估计其未来现金流的预测值，例如消费品行业的企业。另外一些企业在现阶段很难预测其未来现金流，就更别提进行折现了。所以相对估值也好，绝对估值也罢，都是从不同的角度来尽可能评估这家企业的内在价值的"区间值"。我们需要明白一个道理，学习估

第四章 给企业定价：估值其实很简单

值可以帮助你多掌握一门评估企业的科学方法，但是不能完全依靠估值来做投资决策，通过估值方法计算出来的企业内在价值是一个区间值，由于真实的市场环境变化极快，一定要灵活运用，不要走入估值的误区。

进入估值的讲解之前我们先从一个故事开始。

小 A 家的鸭子和小 B 家的小孩的故事

小 A 家的鸭子被小 B 家的小孩给吃掉了，听说被做成了烤鸭。

小 A 去找小 B 索赔，小 B 问："要赔多少钱呢？"

小 A 说：我家鸭子一年可以生 100 个鸭蛋，一个鸭蛋 1 元钱，所以这只鸭子一年可以帮我赚 100 元钱。它能生 7 年蛋，你得给我 700 元。这种方法就是市盈率估值法。

如果小 A 换一种思路，可以说你再给我买一只鸭子，150 元钱，你给我 150 元就行了。这种方法就是重置成本法。

其实小 A 还有大招，小 A 可以这样说：一只鸭子一年可以生 100 个鸭蛋，蛋生鸭子，鸭子又生蛋，如此循环下去，这只鸭子的价值就太大了。你要把你家的房子赔给我。

最后这种算法，其实就是经典的现金流计算的思维，但是缺少了折现率，如果加上折现率就是现金流折现法（也可以叫现金流贴现法）。上面这个故事说明，估值的角度有很多种，我们要选取合适的方法获取相对准确的估值结果。

第一节 绝对估值法

简单来讲，绝对估值法就是根据公司的经营状况，以及合理的未来营收预期,通过将公司的财务数据代入到特定的估值模型中,计算出公司的内在价值。

绝对估值法包括现金流折现法(DCF)、股利折现法等。在实际应用中,使用最为广泛的是现金流折现法。DCF模型是预测未来每年的净现金流,折现到今天得到它的绝对价值。这个方法的理论基础是,公司的价值来源于未来可以获取持续的现金流。因为未来的现金流没有现在的值钱,而且充满着不确定性,所以需要打个折扣,也就是专业词汇里说的折现,折现率为无风险利率加上风险溢价。

在实际应用中,现金流折现法的现金流通常会使用自由现金流。自由现金流=经营活动现金流-固定资产、无形资产等资本性支出。使用自由现金流的目的是剔除资本支出对现金流的影响,提高企业估值的真实性。

自由现金流折现公式为:

$$V = \frac{FCFF_1}{(1+WACC)^1} + \frac{FCFF_2}{(1+WACC)^2} + \frac{FCFF_3}{(1+WACC)^3} + \cdots + \frac{FCFF_n}{(1+WACC)^n}$$

其中,V表示公司的现在价值,n表示第n年,FCFF为自由现金流,WACC为公司加权平均资本成本率(相当于折现率或贴现率)

假设未来每一年的FCFF都可以保持g(例如8%)的增长(也叫永续增长),那么:

$$FCFF_n = FCFF_{n-1} \times (1+g)$$

我们可以得到一个等比数列求和的公式:

$$V = \frac{FCFF_1}{WACC - g}$$

也就是说,估值=FCFF/(WAAC-FCFF的永续增长率g)。

我要说明一下，自由现金流是指企业扣除费用和业务发展再投资所需之外的，可以分配给股东的那部分现金。通常情况下，对于股票而言，现金分红、现金回购和清算是自由现金流的主要构成部分。这些都是对于未来的估计值，而长期的估计很难做到准确，因此在认可会计准则的情况下，盈利（Earning）在实际运用中往往成为估计的主要方向。

折现率（贴现率）是一个主观的利率，完全由评估者主观确定。通常情况下，折现率的确定需要考虑无风险利率（Risk Free Rate）以及风险溢价（Risk Premium）。在不同市场环境下，无风险利率是不同的，风险溢价也会不同。影响折现率的因素包括但不限于通胀水平、流动性水平、情绪水平和经济周期等。

在自由现金流和折现率都较难确定的情况下，自由现金流折现法的实际应用较为困难，只有极少数的情形下适合直接使用。

第二节　相对估值法

一、市盈率估值法

1. 含义

市盈率（PE）估值法可以说是最广泛适用的估值方法之一，即价格除以每股收益。

盈利是企业经营成果在会计准则下的反映。无论是分配（通常表现为现金分红）还是不分配（留存利润，用于企业增长而谋求未来更多的利润），都是对于自由现金流（当期或者远期）的贡献。因此采用盈利来进行估值是很合适的，尤其绝大多数企业都有足够的正向盈利，因此 PE 估值法也具有非常广泛的适用性。

2. 计算公式

市盈率＝股价／每股收益（市值／盈利）

市盈率分三种：静态市盈率、动态市盈率（又称滚动市盈率）、预期市盈率。静态市盈率是用最近一期年报的盈利来计算，动态市盈率是用最近四个季度的盈利来计算，预期市盈率是用预期的最近一年度的盈利来计算。所以估值也相应分为静态市盈率估值法、动态市盈率估值法、预期市盈率估值法。

3. 如何应用

由于静态市盈率的数据相对滞后，一般很少用。在对市盈率做历史比较或者跟其他可比公式比较时，一般用动态市盈率，结合预期市盈率。

4. 市盈率指标的缺陷

虽然市盈率是目前对企业进行估值时最常见的判断指标，但实际上市盈率指标用来衡量股票价格具有一些内在的不足，具体如下。

（1）市盈率指标很不稳定。随着经济周期性波动，上市公司每股收益会大幅波动，这样算出的平均市盈率也会失真。

（2）每股收益只是股票投资价值的一个影响因素。投资者选择股票，不能只看市盈率。实际上，股票的价值或价格是由众多因素决定的。因此,单用市盈率一个指标来评判股票价格过高或过低是很不科学的。

(3) 忽视可持续的经营利润。计算市盈率要扣除非经常性损益,需要考虑投资收益、补贴或者资产重估收益等因素,以及关注利润是否来自主营业务、持续性如何。有的公司利润虽是来自主营业务的,但主要集中在单个项目上,单个项目一旦完成,利润便不可持续。这些在市盈率中很难得到反映。

(4) 计算方法本身的缺陷。成分股指数的样本股的选择具有随意性。各市场计算的平均市盈率与其选取的样本股有关,只要样本调整一下,平均市盈率也会跟着变动。即使是综合指数,也存在亏损股与微利股对市盈率的影响不连续的问题。

(5) 风险过高。之前我们提到市盈率的驱动因素之一是折现率,风险越高的公司,其折现率应该越高,市盈率水平越低。如果某些行业或者个股市盈率低于其他行业或者个股的市盈率,未必是真的便宜,很可能是因为承担了过高的风险,例如财务风险、运营风险等。

5. 使用说明

宽基指数就特别适合采用 PE 进行估值。因为宽基指数的盈利变化情况相对较为稳定,且持续为正。如果股票的盈利经常出现较大的变化,甚至盈利为负,在采用 PE 估值的时候,就会产生或大或小的问题。典型的案例是周期股,航空股是一种典型的周期股。因为其盈利水平伴随着经济周期变化,所以无法使用 PE 估值,航空公司的盈利变化幅度太大,会造成 PE 估值失真。

除周期股外,还有一些股票也不适合用 PE 进行估值。这些股票会持续没有当期盈利，甚至亏损。但是其亏损的原因在于企业把本可实现的盈利都投入到希望未来获取更多盈利的投资中去了。典型的例子是亚马逊，在2011年到2015年的5年间，亚马逊的利润都在0附近（3年为正，2年为负，EPS低于10美元），但其股价却在200~700美元的水平。而仅在2018年的第三季度报告中，亚马逊就实现了近100美元的EPS。亚马逊成功的判断标准是长期股东价值，亚马逊的生意模式决定了企业价值在于客户和收入的增长、客户的重复购买和品牌。因此亚马逊致力于能够提升这些的客户基础、品牌和基础设施，而当期利润则不是那么重要了。

在国内，京东也有类似的情况，京东曾经花大力气投入物流基础设施建设，从而实现了非常有效率的本地仓库快递送货机制，使电商获得了极大发展，京东也获得了极大的客户增长。这样的企业不适合采用PE进行估值，因此有很多投资者创造性地采用客户价值进行估值。

需要额外提醒投资者的是，亚马逊和京东的情况不是不能当期获得盈利，而是有能力盈利，但是为了长期价值而放弃短期盈利，来最终实现更长远的长期盈利。除去一些盈利不稳定或者盈利为负的情况，绝大部分的股票都适合用PE进行估值。

二、市净率估值法

1. 含义

市净率（PB）估值法也是一种常用的估值方法，即股价除以净资产。

第四章 给企业定价：估值其实很简单

2. 计算公式

$$市净率 = 股价/每股净资产$$
$$每股净资产 = 市值/净资产$$

3. 市净率指标的缺陷

（1）市净率以企业账面资产价值为基础，忽略了资产创造盈利能力的高低对股权价值的影响。投资的目的是获取收益，资产的账面价值并不是关键，资产创造盈利的能力才是决定投资价值的关键。

（2）企业账面净资产是采用历史成本核算的，它与资产的真实价值可能相差很远。

（3）账面净资产无法反映企业运用财务杠杆的水平。

（4）账面净资产受企业会计制度影响较大，不同企业之间的可比性较差。

因此，我们在使用市净率给股票或者股指估值时，也要多考虑实际情况，应具体问题具体分析。

4. 如何应用

市净率估值法主要用于将市净率与历史情况，以及与同行业公司进行比较。市净率越低，表明投资越安全。

PB估值来源于一个基本的思想：我们无法估计企业未来的具体现金流，但是知道企业现在的资产情况，用当下的资产进行估值。

对于企业现在的资产情况，在认可会计准则的前提下，净资产可直接作为评估价值。但仅有净资产是不够的,还需要净资产的增值能力来估计合适的估值水平,那么净资产收益率就需要被引入。通常情况下,大多数企业的 ROE 是相对稳定的,长期 ROE 一般反映了企业的综合盈利能力。

有些股票可以采用 PB 进行估值,如银行股和宽基指数(如沪深 300 指数等覆盖全行业的指数)。金融企业的财务报表会有一定的特殊性,银行就呈现了这种特殊性。商业银行的主要核心业务是存贷业务,银行通过存款利率和贷款利率的利差获取收益,但是要承担贷款业务的坏账风险(信用风险),这是一个收益在当下,但是风险后置的业务。银行的会计报表中,通过拨备计提的机制来处理坏账风险,也就是根据贷款的质和量的情况,计提掉一部分的收益放到拨备,用来预防当下产生收益的贷款在未来可能出现的坏账风险。由于拨备计提机制具有很大的调节空间,而且拨备通常是逆周期调整的(业绩好的时候多计提,业绩差的时候少计提,甚至坏账风险发生的时候要使用拨备),从而导致银行业的利润经常被认为具备较大的调整空间而不可靠。拨备可以比较大幅度地影响利润,但是对于净资产的影响较小,银行的净资产在大多数情况下具有稳定性,且通常能够持续增值。因此,有相当多的投资者愿意采用 PB 对银行进行估值。

三、市销率估值法

1. 含义

一些尚未盈利的企业净资产不稳定,用市盈率和市净率法来估值都不适合。但企业自身有销售额,于是市销率(PS)估值法出现了。

2. 计算公式

市销率就是市价对每股销售收入的比值。
市销率(PS) = P/S = 股价/每股销售收入 = 市值/销售额

3. 如何应用

不同市场板块的市销率的差别很大，所以市销率在比较同一市场板块或子板块的股票时最有用。同样，由于营业收入不像盈利那样容易操纵，市销率比市盈率更具业绩的指标性。但市销率并不能够揭示整个经营情况，因为在有较多主营业务收入的情况下，公司可能仍是亏损的。市销率经常被用于评估亏损公司的股票，因为这些公司没有市盈率可以参考。例如，在几乎所有网络公司都亏损的时代，人们会使用市销率来评价网络公司的价值。

一般情况下，若 P/S 值降低，则说明企业的营收规模扩大，企业价值上升，收入乘数还可反映价格政策和企业战略变化的效果。若这些结合 P/E 的估值，则可粗略筛选出该行业具有投资价值的标的。

4. 市销率估值的优点

(1) 它不会出现负值，对于亏损企业和资不抵债的企业，也可以计算出一个有意义的数值。

(2) 它比较稳定、可靠、不容易被操纵。

（3）收入乘数对价格政策和企业战略变化敏感，可以反映这种变化的后果。

5. 市销率估值的缺点

（1）它不能反映成本的变化，而成本是影响企业现金流量和价值的重要因素之一。

（2）它只能用于同行业对比，不同行业的市销率对比没有意义。

（3）上市公司关联销售较多，该指标不能剔除关联销售的影响。

第三节　揭秘巴菲特的估值方法

芒格曾说，他从来没有看见巴菲特计算过。巴菲特曾幽默地说："这么一个赚钱的秘密，我哪能公开示人呢？"

其实，巴菲特在1992年致股东信中专门提到了估值的内容，原文如下：

尽管用来评估股权的数学公式并不复杂，但是分析师——甚至是老练、聪明的分析师——在估计未来的"息票"时也很容易出错。在伯克希尔，我们试图通过两种途径来解决这个问题。

第一，我们努力固守那些我们相信我们可以了解的公司，这意味着它们必须符合相对简单而且稳定的要求。如果一家公司非常复杂或者容易受到连续性变化的影响，那么我们还没有聪明到去预计它未来的现金流。顺便提一句，这个缺点不会烦扰我们，

第四章 给企业定价：估值其实很简单

对于大多数在投资的人来说，重要的不是他们懂多少，而是他们如何避开他们不知道的东西。

第二，也是同等重要的，我们强调在买入价格上有安全的余地。我们如果计算出一只普通股的价值仅仅略高于它的价格，那么不会对买入产生兴趣。我们相信这种安全余地原则——本杰明·格雷厄姆尤其强调这一点——是成功投资的基石。

从1992年巴菲特致股东信的原话中，我来总结巴菲特认为的估值适用范围：

（1）并不是任何企业都能估值（业务复杂、盈利不稳定）。

（2）为了提高估值正确率，专注于看得懂的企业进行估值（业务简单、盈利稳定）。

（3）远离看不懂的企业、没必要自找麻烦。

（4）追求性价比。

巴菲特从来没有清晰地讲解过他的估值方法，他只是说了原则：任何股票、债券或者企业的价值，都取决于将资产剩余年限自由现金流以一个科学化的利率加以折现后所得到的数值，它是评估某家企业是否可以投资的决策依据。

从巴菲特的这句话中，我们可以看到对于自由现金流的未来预测值、剩余年限的认知，还有科学的利率，这三部分都有个人的主观判断成分。

以上需要我们依据对企业的理解来制定自己的数值。所以巴菲特无法给出具体的计算数值进行代入。其实，如果你对一个行业和一家企业足够了解，我相信以上的数值你会有自己更科学的处理方式。

本章作业：请选择同行业的企业做相对估值的对比分析。
提交作业请关注微信公众号：亮叔财富观。
回复关键字："第四章作业"。

  对优质作业，我将赠送我的录播课和经典投资书籍。

第五章

行业赛道分析

第一节 大消费行业

大消费行业是我们每个人在生活中最离不开的行业之一,只要我们人还存在就需要衣食住行,这些对应的行业就属于大消费行业,当然你也可以继续把大消费行业按照必选消费和可选消费来进行划分。同样在二级市场寻找投资机会时,我们永远也绕不开大消费行业的投资机会。未来20年,大消费行业永远都是我们需要时刻追踪的投资板块,在我们个人资产配置中占据很大的比例。

分析消费行业需要先从一个大前提开始,那就是中国人口结构开始步入老龄化阶段,同时我国的人口老龄化速度正在增加,我国的人口老龄化速度是日本的三倍,到了2035年我国正式进入老龄化社会。

我们需要关注三个需求方向,第一个需求方向是三线外城市居民需求,也可以称之为小镇青年。第二个需求方向是新中产,主要集中在我国的一线和二线城市,例如北上广深和近些年高速发展的杭州、西安、成都、重庆、沈阳、苏州等地。第三个需求方向是2000年后出生的这一代人,他们从小就开始接触电子支付、智能手机、B站、二次元、知识付费、国货潮流等最新的科技与潮流,他们的需求就是未来社会主流群体的需求方向,也是未来20年的潜在投资机会。

一、认识你的顾客

研究大消费行业,首先要做的功课是认识你的顾客。

第七次全国人口普查数据显示，中国人口共14.12亿人。据国家统计局数据，2020年0～9岁占比11.3%，10～24岁占比16.2%，25～39岁占比23.2%，40～54岁占比24.4%，55岁以上占比24.9%，我国55岁以上人口占比逐年增加，呈现快速老龄化趋势。

我们再从收入的角度进行分析：根据麦肯锡报告，中国家庭年可支配收入在13.8万至29.7万元的中产人群，从2010年的400万上升至2018年的3.7亿左右，占比从8%上升至49%。根据国务院发展研究中心数据，当前中国中等收入群体（三口之家年收入在10万至50万元）规模约4亿人，初步预计2025年将超过5.6亿人。从财富分布结构来看，我国50～90百分位区间比例较高，中产人群是我国重要的消费主力。

根据以上数据做个总结：我国人口结构上呈现出明显的老龄化趋势（这一趋势还在加速中）、城镇化、中产化、收入提升和生活方式的改变，推动消费不断升级，不同年龄阶段的刚性需求将带来相关消费板块的投资机会，这也是我们需要追踪研究的投资方向。

二、把握消费升级的未来投资主线

在我国A股市场寻找投资机会时，一定要重点关注政府在哪些方面会有鼓励政策，同时发布的行业文件是值得我们花时间下大力气去做深入研究分析的，因为这些文件基本上就会预示着未来五年到十年此行业的发展方向，也正是我们个人投资者需要提前布局的投资机会。那么大消费行业同样也出台了重要的政策性文件，2018年9月20日，《中共中央国务院关于完善促进消费体制机制进一步激发居民消费潜力的若干意见》发布，加快完善促进消费体制机制，增强消费对经济发展的基础性作用，有利于优化生产和消费等国民经济重大比例关系，构建符合我国长远战略利益的经济发展方式，促进经济平稳健康发展；有利于实现需求引领和供给侧结构性改革相互促进，带动经济转型升级，推动高质量发展，建设现代化经济体系；有利于保障和改善民生，实现经济社会发展互促共进，更好满足人民日益增长的美好生活需要。

此文件的出台预示着我国第三次消费升级正式开始。随着社会经济的发展，消费升级这个词，开始逐渐走入我们老百姓的生活视野。消费升级是指消费结构的升级，指个人消费支出在总支出中的结构升级和层次提升。每一次消费升级都意味着更高层次的消费品占总消费支出的比例显著扩大，改革开放以来，我国一共经历了三次规模较大的消费升级。

第一次消费升级出现在改革开放之初。当时粮食消费占比开始下降，轻工业产品消费占比提升，这说明了解决基本的温饱问题之后，随着社会供应商品的不断丰富，可选的消费品越来越多。

第二次消费升级出现在 20 世纪 80 年代末期到 90 年代末。这个阶段的居民收入水平得到较大幅度的提升，大家购买的消费品逐渐升级，从自行车、收音机等产品逐渐过渡到电视机、洗衣机、空调等家用电器，就是在这个阶段家用电器企业得到了飞速发展，其中一个很重要的代表性企业就是春兰空调。当年空调市场第一名可不是格力，而是春兰。

第三次消费升级就发生在当下。这次消费升级将极大地提升各类服务、旅游、文化、信息技术、可选消费品等产品在居民消费支出中的占比。同时，传统的消费品也面临着一次大规模的升级，从最基础的饮用水、调味品等到家用电器、服装、汽车等全面地进行升级换代。对于我们投资者而言，消费升级代表着所属行业中的企业面临着更新换代，会有新企业诞生，也会出现老企业的转型升级，还会存在部分企业被市场淘汰，其中既有投资机会又存在投资风险，需要我们与时俱进地参与到企业商业模式的研究中。

三、三大消费群体

消费最终还是需要用户来埋单的，基于消费需求的侧重点不同，我们先来看下三大消费群体的具体需求。

（1）50岁以上的，我称之为"父母群体"（1965年以前出生的人群）。父母群体已经进入到了退休年龄，消费需求明显侧重于医疗保健和养老服务，消费观念相对保守和节俭，讲究性价比。他们是我国计划生育政策下的第一代父母，这一代人存在着典型的倒金字塔家庭结构，因为独生子女政策，最终导致由子女来赡养老人，会给子女造成非常大的经济和精神压力。所以"父母群体"的一个刚需就是养老服务，随着1965年前出生的群体陆续加入养老大军，养老服务的需求量将会迎来爆发性增长，属于绝对的刚需。

除了养老服务需求，父母群体也需要优质的精神生活服务，这就催生了老人旅游行业的加速发展。同样，相关的健康产业也是父母群体高度重视的板块，老年人随着身体的加速衰老，除了必备的医疗需求以外，日常的健康管理也会占到消费支出的很大比重，例如食品膳食补充剂等相关企业在未来20年会迎来强需求。我们需要重点关注：1965—1979年出生的这代人对于旅游、智能家居、个护保健产品、医疗穿戴设备有着更强烈的需求，相关板块的企业需要我们重点追踪研究，以上都是未来20年的长期投资机会。

（2）小镇青年群体。我们不要把目光只停留在一二线这样的大城市，我国三线以下城市拥有超9亿人口，具有超强的消费能力，这类群体被称为小镇青年。小镇青年所居住的城市与一二线大城市相比，房价和物价更低，生活成本开支小。他们工作岗位相对固定，从加班方面来看基本上不存在额外工作时长，从而小镇青年们下班后可用于休闲、购物、娱乐的时间更充裕，市场也需要通过更多元化的消费服务来满足小镇青年们的消费需求，小镇青年实际成了重要的新生代消费力量。例如主流的视频网站，爱奇艺、腾讯视频、B站等受到一二线城市群体的偏爱，但在使用时长上，小镇青年们占据了绝对优势，他们需要更多的娱乐方式来打发闲暇时间，各大视频网站都在抢占用户的停留时长，只要用户多停留在自己的网站（App），此用户的消费概率就会加大。

小镇青年们虽然获取的工资相对较低，但他们更追求具有品牌的商品，以一二线城市为风向标、品类和品牌偏好向一二线城市看齐。因为工资相对较低，所以对于价格偏敏感、注重性价比，对同品类中的大众品牌、同品牌中的大众产品线接受度较高。其中具有代表性的如蜜雪冰城、完美日记、三只松鼠等消费品企业得到了小镇青年们的青睐，为现制茶饮、美妆、休闲零食等新消费行业带来价格带细分的"民生消费"机会。随着电商和物流的加速发展，更多具有大品牌和低价位的产品通过各大电商App走入了小镇青年们的家庭中，如京东、淘宝、拼多多等。由于小镇青年对价格相对敏感，但对整体的购物体验相对更宽容（相对一二线消费群体），这为社区团购等新型消费渠道打开了广阔的下沉市场，新渠道的开发也为消费品品牌提供了高效快速的下沉市场，相互成就对方，满足了小镇青年们的多元化消费需求。

我们一定要时刻记住，我国还是发展中国家，还有更多的低收入群体需要引起我们的高度重视，他们的消费需求，也是未来20年投资机会的重要方向之一。我们不能只停留在我国一二线城市的消费需求，毕竟9亿的消费群体代表着更广阔的下游市场。

（3）95后"新人类"群体。新人类群体在我国的总人数约为2.1亿，他们是成长于信息时代的年轻群体，受到全方位、多元文化的熏陶，有着独特而有个性的身份标签。新人类群体从小开始接触各种智能产品，如智能手机、iPad、VR等，电子支付、知识付费、二次元等生活方式伴随着他们的成长。我们不能以80后的视角来看待新人类群体，他们从开始接触这个世界就先天比我们更"先进"。同时新人类群体也是未来20年社会消费的主流人群。新人类群体不看重媒体对一个品牌的"洗脑"营销，他们更喜欢通过查阅资料去寻找更独特、高质量的小众品牌，消费上也愿意为包装精美、更有设计感的品牌多支付价格，更看重产品的品质。一方面，愿意为产品外观设计支付溢价；另一方面，也更重视自身形象的打造，是运动、美妆、医美的重要消费群体。新人类群体在我国国际地位明显提升且综合实力日益强大的年代，相比其他代际有更强的文化自信，更拥护国货品牌。对于日常消费品类，追求便利性，"宅消费"和"单身经济"特征显著，对外卖和各类到家服务的消费需求明显。作为社交媒体的关键参与者，新人类群体的消费取向和偏好通过社交媒体放大传导，具有一定的风向标作用，同时也通过家庭联系对其他代际产生影响。

四、主要板块解析

大消费属于一级行业，下面有四个二级行业，目前酒类与饮料所属的上市公司的总市值远远大于其余三个二级行业。其中，白酒板块是最值得我们个人投资者研究学习的，尤其是高端白酒的商业模式值得深入研究分析。其余的三个板块中，可以重点关注饮料板块的投资机会。

（1）白酒板块。在大消费品领域，很多企业经历了多年的历史积累建立了强大的品牌优势，已经对某类商品形成了垄断。此后，这些企业凭借自身掌握的技术、品牌，享受超额的垄断收益。这些企业的生产成本相对较低，商品价格则相对较高，其利润远远超过一般行业。在大消费品领域中，白酒行业就是这样一个特殊的板块，好企业主要存在于高端白酒领域，如贵州茅台、五粮液、泸州老窖等。

白酒行业总体持续呈现"两降两升"的趋势，上市酒企份额攀升。自2017年起，全国白酒产量及规模以上企业数量连续四年下滑，行业总收入、总利润连续三年增长，人们对白酒的消费习惯向"少喝酒，喝好酒"转变。作为名优酒代表，上市酒企的产量占比、收入占比均有较大幅度提升。上市酒企利润总额在行业中的占比一直较高，近年来占比突破80%，以上市酒企为代表的名优酒企带动行业利润总额快速增长。由此可见，在新一轮调整过程中，行业集中度向名优酒企上移，上市酒企的市场份额逐渐攀升。

根据麦肯锡的报告统计，随着新中产消费人群崛起，酒类消费步入高端化、仪式化。过去10年，中国消费市场的整体增长日新月异。10年前，多数城市居民还仅仅满足于衣、食、住、行等基本需求，16%的城市居民家庭可支配年收入为14万元。如今，已有一半的中国家庭跻身较富裕家庭行列，可支配年收入达到14万至30万元。收入的增长让他们在满足了基本生活需求之后，开始追求更高的生活品质。自2016年起，茅台价格上涨带动白酒行业整体的复苏，各价格带产品均跟随上移，行业整体享受价量齐升的红利。

受2020年初新冠肺炎疫情影响，市场动销不足，以茅台为首的高端酒价格出现阶段性回落。但随着国内疫情得到有效控制，经济恢复运转，茅台价格快速反弹，一举突破价格天花板，整箱批发价超过3000元。五粮液逆势挺价，渠道管控能力超出预期，缩减传统渠道，增加团购客户开发，业绩表现突出，疫情反而加快了五粮液"二次革命"改革的步伐。国窖1573紧随其后，批发价稳中有增。受益于行业的价格天花板被不断拉高，区域龙头企业也适当提高出厂价或成交价做相应补位。

高端白酒表现相对突出，以贵州茅台、五粮液、泸州老窖为首的高端白酒在疫情背景下逆势增长表现强劲。各大酒企优化产品线和销售渠道，加速升级。次高端白酒中，洋河股份还在调整阶段，洋河股份的销售团队相对庞大，这跟它本身的营销体系有着直接关系。

我认为，白酒板块应重点关注：贵州茅台、五粮液、泸州老窖、洋河股份。它们增长确定性强，有提价权，销售体系还在调整中，对白酒板块感兴趣的朋友可以重点追踪每家企业的季度报告，按季度去追踪企业的基本面变化。

（2）调味品板块。食品类属于整个大消费的二级行业，旗下有四个板块：食品制造、休闲食品、调味品、乳制品。其中调味品板块属于我们生活中的必选消费品，尤其是调味品中的酱油、蚝油、鸡精等。休闲食品板块随着经济的发展，最近10年开始迎来高速发展期。

行业规模稳定增长，整体集中度低，受益于餐饮业、食品加工业的快速发展以及居民生活消费的升级，我国调味品行业繁荣发展。2013—2019年，我国调味品、发酵制品制造行业主营业务收入年均复合增长率为8.43%。调味品行业整体集中度尚低，根据欧睿数据，2020年海天味业行业市占率仅为6.9%。

随着疫情影响逐渐消退，调味品餐饮渠道复苏，商超渠道压力逐渐显现。2021年一季度主要调味品上市公司单季度收入仍保持较高增速，但多数公司在原材料成本和促销费用的压力下，利润情况有所下滑。在疫情的影响之下，无论是调味品厂家还是经销商，都将多渠道拓展作为重点发展方向。调味品行业以流通和商超渠道为主，目前电商渠道也日渐成熟，新兴的社区零售渠道也将得到进一步发展。对于厂家而言，原先以餐饮市场或工业市场为主，现在也开始进入家庭市场，尤其是借助于电商渠道或新零售渠道。对于经销商而言，更是将多渠道发展作为重大的战略调整，尤其在新兴的社区团购和以团餐为代表的新兴渠道上表现突出，有的经销商虽然在餐饮业务上受到了较大影响，但是在流通渠道、商超渠道、团餐渠道及社区团购渠道上都取得了较好的业绩增长。

复合调味品属于高成长赛道，行业景气度高。由于产品的便捷性和创新性，复合调味品的增速超过调味品行业的整体增速。

各大调味品企业都加速开发自有品牌的复合调味品产品,以海底捞旗下的天味食品为例,开发的复合调味品可以让年轻的上班族以最快速的方式完成一道菜,让烹饪美味达到了简易快速化。除了个人家庭以外,餐饮行业需求也日益增大,尤其对于规范化、连锁化的企业,对于复合调味品的需求潜力巨大。海天、恒顺等传统调味品企业相继进入火锅调料领域,海天品牌的火锅底料为了打入年轻人的市场,重金赞助了"奇葩说""脱口秀大会"等年轻群体占比大的综艺节目。我们可以多观察身边的大型超市、24小时便利店、居民商店,这些渠道都是可以让我们快速了解市场的途径。

(3)休闲食品板块。疫情对休闲食品板块有短期冲击,从2021年一季度业绩来看,各公司基本恢复。休闲零食主要包括糖果蜜饯、面包及糕点、膨化类、休闲卤制品等品类,疫情期间人们宅家时间变长,预计对于休闲零食的需求量将有所提升,观察整个板块2020年的业绩情况,大流通板块受益于商超渠道人流量的最早恢复,全年业绩表现较好。对于布局全渠道的休闲食品企业,2020年整体业绩受到疫情影响相对小。

以品牌连锁门店为主的休闲零食企业由于2020年一季度疫情影响下闭店较多,并且高势能门店受疫情影响持续时间相对长,2020年整体业绩受影响较大。但是从2021年一季度业绩来看,以品牌连锁门店为主的休闲零食企业在2020年一季度低基数的影响下,业绩反弹最为明显,整体来看(计算各企业2021年一季度相比2019年一季度的复合增长率),各渠道休闲零食的销售基本恢复,因而疫情对于休闲零食板块只有短期影响。并且由于国内整体疫情被迅速控制住,整体经济恢复情况较为良好,因而目前并未出现较为明显的休闲食品购买力下降的问题。短期来看，2021年全年疫情影响减弱，品牌连锁门店疫情期间逆势拿店成果预计将在2021年业绩中有所体现，在疫情的短期冲击下，有望加速整体品牌连锁门店整合，预计板块整体强者愈强。

2021年以来，休闲食品板块内多家公司发布股权激励，包括细分行业为休闲卤制品的绝味食品和煌上煌，主营豆制品、烘焙等的盐津铺子，以及主营风味小鱼和风味豆干的华文食品，发布股权激励表明了公司的发展信心，也从侧面验证了细分板块短期内的高景气度。

休闲食品行业长期来看人均消费量提升空间大，预计未来5～10年仍保持较高的景气度。Frost & Sullivan数据显示，2020年我国休闲食品行业市场规模将达到12984亿元，近五年复合增长率约为12%，行业整体景气度高。预计处于量价齐升的阶段，量端驱动力主要来源于现代人们生活节奏加快，三餐时间减少，零食代餐需求有望增加。随着人均生活水平的提升，充饥消费需求呈现多样化，休闲零食销售有望受益于此。价端驱动力主要来源于消费升级，人们对零食消费的品质和健康要求逐步提升，预计休闲食品平均单价有望提升。我国2018年零食的人均消费额仅为14美元，对比美国（151美元）、日本（91美元）等发达国家的人均消费额，国内零食仍有近6倍的提升空间，预计行业5～10年内仍将保持较快的增速。

大消费旗下四大二级行业包含了15个三级行业，这15个三级行业跟我们的生活息息相关，都存在着投资机会，我希望大家可以选取自己擅长和喜欢的板块进行长期的跟踪研究，一定可以收获合理的收益。

第五章 行业赛道分析

消费行业定量分析如下：选取的是全指消费指数 2021 年 9 月 1 日的数据。

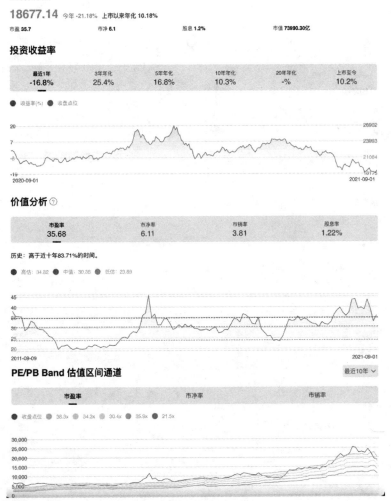

高效投资：个人投资者快速学习的投资方法

RPS股价相对强度

RPS10	RPS20	RPS60	RPS120	RPS250
28.6%	41.3%	7.2%	6.9%	16.2%

● 全指消费-RPS10 ● 收盘点位

2021-07-15 ～ 2021-09-01

机构持股

● 全指消费港资持股比例 ● 收盘点位(右)

2018-09-07 ～ 2021-09-01

成分股

名称	占比
贵州茅台	11.17%
五粮液	10.35%
海天味业	5.54%
金龙鱼	5.54%
山西汾酒	4.09%
泸州老窖	6.24%
洋河股份	3.76%
牧原股份	5.91%
伊利股份	7.95%
青岛啤酒	7.95%
古井贡酒	7.95%
海大集团	2.15%
双汇发展	2.15%
温氏股份	2.24%
酒鬼酒	2.07%

第二节 医药行业

自2021年初以来（截至2021年9月3日），申万医药生物板块整体下跌了13.8%，医药板块涨跌幅在申万28个一级行业中排名第15位。自2019年下半年以来，医药板块走出了一轮波澜壮阔的行情，但该阶段，在高仓位、高估值、市场风格转换以及疫情防控常态化等多重因素作用下，医药板块整体上涨动能有所减弱，涨跌幅排名居中。

二级行业药物研发与生产中，原研药板块、仿制药板块、CXO板块都是市场投资者追逐的热点，也是社会成员未来需求的重要方向。

一、原研药板块：创新依旧火爆，高质量创新是趋势

随着国内制药企业规模的不断扩大，在研发方面的投入逐年增加。其中代表性企业就是恒瑞医药和复星医药，其中恒瑞医药每年研发资金的投入是行业的第一名，遥遥领先行业第二名。

原研药企业的获利模式非常清晰明了，即通过在研发环节投入大量资金，并通过长期试验研发出首创新药。这些新药是在全新的药理机制引导下研发的全新的活性分子。新药的研发过程需要投入大量的资金，同时还需要通过临床试验和审核，一款新药的问世需要几十年的时间，因而，一旦新药成功上市，都会享受一定时期的专利独占期（此期间内，其他企业无法生产此款药物）。原研药也可以称为创新药，创新药成功上市，就可以成为

药企的现金奶牛，让药企收回前期巨额的投入成本，同时获取更多的利润，继续开发新的创新药，从此达到正向循环、强者恒强的目标。

近年来，随着国家政策向原研药方面倾斜，越来越多的医药企业开始投入原研药的研发，未来还会涌现出很多优秀的原研药研发企业，个人投资者需要注意以下几点。

（1）并不是所有问世的原研药都能获得较佳的经济效益。目前，有些企业进行的所谓原研药研发（创新药研发），并非真正意义上的原研药研发，大部分企业都是按照国外医药研发企业划定的靶点进行攻克和新药研发，由于同一靶点集中了很多企业，即使大家都各自研发出了新药，但市场容量有限，同一疗效的产品太多，市场效应未必会很好。因此只有具备独立知识产权的首创新药才能够赢得足够的市场空间，这也是投资者在医药市场上需要寻找的优质投资标的。

（2）寻找那些尚未有最佳解决方案领域内的原研药，例如癌症、艾滋病等领域或者能够根治慢性病的创新药品种。随着原研药研发的数量增加，一些相对容易攻克的领域越来越少，未来真正意义上的原研药将会越来越少，对于药企来说面临的挑战只会更加艰巨。

（3）原研药企业的估值。通常情况下，相对于其他领域，医药健康领域的上市公司获得的估值普遍都偏高，尤其是优质的企业具备估值溢价的能力，这与该行业的获利能力较强且稳定有关。不过，相对于普通的医药企业而言，原研药企业的估值可能会更高。尤其新药上市后，由于会享受到独家的垄断利润，这为企业的估值提供了广阔的想象空间。

二、创新药板块：创新药获批效率明显提升，步入收获期

在政策、资本、人才等多重因素的推动下，近年来我国创新药行业发展迅速。国家药品监督管理局药品评审中心（CDE）近期发布的2020年审评报告显示，2020年，药审中心受理1类创新药注册申请共1062件，同比增长52%。其中，受理IND申请1008件，同比增长50%；受理NDA申请54件，同比增长100%。因此从受理端看，无论是IND申请还是NDA申请数量均大幅增长。具体看，2020年药审中心受理1类创新化学药注册申请752件，较2019年增长31%。其中，受理IND申请721件，较2019年增长31%；受理NDA申请31件，较2019年增长48%。

若按品种数量计，2020年受理的1类创新化学药注册申请量达到258个，同比增长了79%，是2016年申请量的3.4倍，足以可见国内创新药发展的迅猛。另外，受理1类创新生物制品注册申请296件，较2019年增长133%。其中，受理生物制品IND申请278件，较2019年增长130%；受理生物制品NDA申请18件，较2019年增长200%。1类创新生物制品的注册申请数量在2020年增长尤为突出，代表了行业未来的升级趋势和方向。

从受理完成情况看，得益于CDE审评审批效率的大幅提升，去年CDE完成1类创新化学药IND申请694件（298个品种），较2019年增长40.77%，品种数较2019年增长58%。另外审评通过了创新药NDA申请20个品种，相比2019年提升一倍。

同时，今年上半年恒瑞医药、百济神州、君实生物、信达生物PD-1多款新适应证获批，另外还有荣昌生物的泰它西普、纬

迪西妥，百济神州的帕米帕利及基石药业的普拉提尼等创新药陆续获批，说明我国创新药已逐渐步入了收获期。

创新药高质量发展是趋势，或面临洗牌

近日，CDE发布了关于公开征求《以临床价值为导向的抗肿瘤药物临床研发指导原则》意见的通知，引发市场广泛关注。原则指出，目前我国抗肿瘤药物研发正处于快速发展阶段，应贯彻以临床需求为核心的理念，开展以临床价值为导向的抗肿瘤药物研发。原则在提到"对照药的选择"时明确指出，应尽量为受试者提供临床实践中的最佳治疗方式/药物，而不应为提高临床试验成功率和试验效率，选择安全有效性不确定，或已被更优的药物所替代的治疗手段。另外，新药研发应以为患者提供更优的治疗选择为最高目标，当选择非最优的治疗作为对照时，即使临床试验达到预设研究目标，也无法说明试验药物可满足临床中患者的实际需要，或无法证明该药物对患者的价值。当有BSC（最佳支持治疗，Best Support Care）时，应优选BSC作为对照，而非安慰剂。这表明了监管层对目前抗肿瘤药物研发的临床设计要求的提升，也表明了监管层对国内创新药研发的态度，并在一定程度上提升了创新药的研发门槛。

监管层近期提出抗肿瘤药物临床研发指导原则有其背后的逻辑。据CED数据，2020年审评通过批准的化药和生物制品IND申请分别为694件和500件，抗肿瘤用药的IND申请分别占比超过50%和近60%，研究靶点集中、竞争激烈的现象较为突出。

创新药行业在经历了一段时间的野蛮生长后有望迎来洗牌期，但政策整体上鼓励创新的总基调没有变化。若指导原则正式

执行，短期看或许加大了新药开发的难度，打击了"伪创新"；中长期看，加速创新药领域的产能出清，引导企业"真创新"，减少同质化竞争，行业资金、技术、临床等资源将有望向头部创新型企业集中，创新药研发行业集中度有望提升。

三、生物疫苗板块：新冠肺炎疫情推动技术进步

全球疫情依然较为反复。截至 2021 年 7 月 21 日，根据 WHO 统计，全球累计确诊新冠病例超 1.9 亿，累计死亡病例超过 400 万，数字还在持续攀升中。同时新冠病毒变异有所加快。自 2020 年底发现"德尔塔"变异毒株后，流行度出现快速增长态势，新冠肺炎疫情短期难以消除。从各国疫情防控角度看，尽快建立免疫屏障显得至关重要。

据统计，截至 2021 年 7 月 20 日，全球已接种约 37.3 亿剂新冠疫苗，日均接种量约 3000 万剂以上，中国、印度、美国接种疫苗总量位居前三。从接种率看，全球已经有 26.6% 的人口接种了至少一剂新冠疫苗，阿联酋、乌拉圭、加拿大一针接种率均超 70%，英国、法国、德国、美国的一针接种率也超过 50%。

根据国家卫健委数据，截至 2021 年 7 月 21 日，我国累计报告接种新冠疫苗 149160.5 万剂次，预计年底我国新冠疫苗接种率有望达到 80%，新冠疫苗的快速出量有望短期给相关公司带来较大的业绩弹性。

未来新冠疫苗方面重点关注两个角度，一是全球疫苗接种情况非常不均衡，发达国家普遍接种率较高，而最新数据显示，低收入国家至少一针的接种率仅 1.1%，我国新冠疫苗出海还有较

大空间。二是技术进步，以 mRNA 为代表的研发平台在此次疫情中大放异彩。真实数据已对其有效性做出了检验，同时其在更新迭代方面具有显著的效率优势，有望在未来病毒变异中继续保持优势。同时 mRNA 技术不仅能运用于传染病预防，还在肿瘤、免疫等疾病领域仍有较好的发展空间。由于疫情推动，国内相关技术平台开发也较为迅速，建议关注。疫苗行业有望维持高景气度，建议继续关注研发能力突出、产品管线布局丰富的疫苗龙头企业。

第三节 中医药行业

中医药产业链是指从中药材种植，到中医药产品的生产加工过程，最后到达终端消费者，包括上游中药种植，中游中药加工、下游中药流通等环节。中药材作为生产原料，是中医药行业发展的基础，中药饮片和中成药生产是中医药行业的核心。中医中药的推广使用一直以来都是我国医药工作的重点，国家也通过各种立法和政策促使中药治疗向规范化发展，中药行业向产业化、规模化发展。我认为，未来中医药行业将主要在质量、剂型、产业链、行业集中度和产业集群上深入发展。

一、受政策扶持的中医药大健康产业链

受国家政策引导及大健康产业的蓬勃发展，中医药行业发展迅猛。2011—2017 年，我国中医药大健康产业的市场规模由 6658 亿元增加至 17500 亿元，年复合增长率为 17.5%；预计到 2020 年，产业规模有望突破 3 万亿元。根据 2016 年颁布的《中

医药发展战略规划纲要（2016—2030年)》，2030年中医药产业规模将高达 8 亿元，2016—2030 年年复合增长率为 10.3%。2016 年 8 月，国家中医药管理局颁布《中医药发展"十三五"规划》，预计到 2020 年，中医总诊疗人次达到 13 亿，助理类医师数量有望达到 70 万人。

二、中医药板块的投资需要关注两个重点

（1）品牌。品牌具有强大影响力已经被广泛证明，在医药领域、品牌与口碑在消费者选择方面具有更大的影响力，毕竟品牌的背后是安全可靠的保障，这在医药领域极为关键，正因为如此，我们在选择中医药企业时，要特别关注那些拥有强大品牌影响力的企业，例如片仔癀、云南白药、同仁堂等。

（2）保密配方。很多中医药企业都是建立在其所拥有的保密配方基础上的。尽管这些企业可能生产较多的产品，但真正盈利的还是那些具有保密配方的产品，如云南白药系列、片仔癀系列、北京同仁堂的安宫牛黄丸、白云山奇星药业的华佗再造丸、山西广誉远国药的龟龄集、上海和黄药业的麝香保心丸。其中云南白药和片仔癀属于国家绝密配方，属于保密等级最高级别，这些国家保密配方，在一定程度上可以维持企业较高的利润。还有一些国家重要保密配方，在一些非上市公司手中，未来若进行 IPO，也是值得个人投资者关注的重点投资方向。

三、中药行业未来的发展方向

近期，国家出台诸多中药行业扶持政策。2019 年 10 月 25

日,国家主席习近平指出,要遵循中医药发展规律,传承精华,守正创新,加快推进中医药现代化、产业化,坚持中西医并重,推动中医药和西医药相互补充、协调发展,推动中医药事业和产业高质量发展,推动中医药走向世界。

与此同时,辅助用药、重点监控目录、新版医保目标等,对中药的使用提出进一步规范。中药行业经历了上一轮医改的爆发式发展以后,已经进入了新的一轮发展阶段,而本轮中药的发展逻辑是中药的标准化。

四、把握中药板块的投资潜在机会

(1)时刻关注国家发布的扶持政策。目前,国家积极扶持中药板块,不断推出行业政策扶持计划。

(2)中药行业具备政策避险属性。目前,医药行业的带量采购、谈判降价等政策,主要针对化学制药和生物制药,中药行业仍具备较强的价格安全性。

(3)中药板块业绩增速具备确定性。以片仔癀、云南白药为首的中药企业业绩增速稳定。

五、中医药行业的潜在风险

(1)政策和市场的不确定性。与整个医药市场一样,非处方中成药市场也受到更多政策的监管。目前,我国政府对医药行业的改革正在进一步深化。政策和市场具有不确定性,如批签发制度以及由于医疗支出压力加大而导致的更严格的医保政策,都可能导致收入增长和利润低于预期。

（2）原材料供应及价格的波动。中药原料的生产、质量和价格极易受到天气、自然灾害等诸多因素的影响，中药原料价格上涨可能导致整个市场成本升高。

（3）药品降价风险。受医保支付压力影响，医药和基药目录产品进入医院需要通过招标采购流程，中标产品的投标价格通常低于其以前的市场价格。因此，非处方中成药行业的产品面临降价风险，可能会降低公司的收入增长。

（4）市场竞争日趋激烈。目前，健康产业吸引国内外企业迅速进入该行业。随着更多竞争对手的进入，OTC–TCM市场的企业很难建立自身的品牌竞争力，而且鉴于替代品规模的扩大，它们可能面临利润空间的挤压。

中医药行业定量分析如下：选取的是全指医药指数2021年9月1日的数据。

全指医药

13462.08　今年 -10.25%　上市以来年化 8.52%

| 市盈 36.2 | 市净 4.9 | 股息 0.8% | 市值 68763.01亿 |

投资收益率

最近1年	3年年化	5年年化	10年年化	20年年化	上市至今
-14.0%	13.9%	6.2%	9.1%	-%	8.5%

高效投资：个人投资者快速学习的投资方法

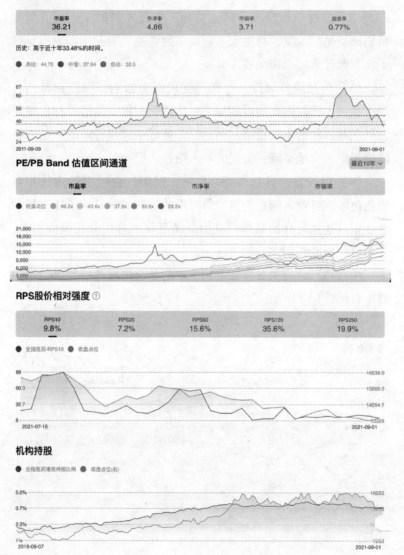

成分股

名称	占比
迈瑞医疗	6.17%
药明康德	5.93%
恒瑞医药	10.52%
智飞生物	3.29%
爱尔眼科	3.56%
片仔癀	2.73%
复星医药	1.89%
康龙化成	1.89%
万泰生物	1.89%
沃森生物	2.09%
爱美客	2.09%
泰格医药	2.51%
云南白药	1.81%
长春高新	3.62%
华熙生物	3.62%

第四节 医疗器械行业

我国的医疗器械行业下游市场需求空间巨大，未来20年的主题就是"国产化替代"，国家在政策上大力扶持，政府医疗支出也侧重于国产化替代。

近几十年来，我国医疗器械行业发展迅速。根据医械研究院的数据，2019年医疗器械市场销售规模达到2065亿元，2015—2019年年复合增长率为17.6%。行业的稳健增长主要得益于有利的行业政策支持、不断增长的医疗费用和国产化替代趋势。这些因素都将继续推动行业发展，行业扩张潜力巨大。预计市场规模将进一步增长，在2024年将达到4859亿元，2019—2024年年复合增长率为15.0%。

一、医疗器械行业概述

医疗器械是指直接或者间接用于人体的仪器、设备、器具、体外诊断试剂及校准物、材料以及其他类似或者相关的物品，包括所需要的计算机软件。其主要目的是对于人体生理结构、疾病、损伤的诊断、预防、监护、治疗或者缓解等。

二、医疗器械行业存在三大投资特点

（1）医疗器械行业属于资本密集型产业，对于资金和技术要求都极高，也形成了医疗器械行业的天然壁垒。

（2）中高端产品是未来行业的主流，提高了企业在全球市场的竞争力，例如呼吸机和监控仪等高端产品。目前迈瑞医疗已经进入世界相关领域的第一梯队。

（3）中低端价格带产品竞争激烈，企业需要提高自身研发实力。

三、医疗器械主要分为以下几类

（1）医疗器械：医疗器械是指单独或者组合使用于人体的仪器、设备、器具或者其他物品，也包括所需要的软件。例如，影像设备、监测仪器、家庭护理设备、制药设备等。

（2）体外诊断：通过对人体样本（各种体液、细胞、组织样本等）进行检测而获取临床诊断信息，进而判断疾病或机体功能的产品或服务。例如，体外诊断试剂及体外诊断仪器设备等。

（3）高值耗材：主要指对于安全性、生产使用要求较高，限于某些专科使用且价格较高的医疗耗材。例如，心脏介入、外周血管介入、人工关节、晶体等医用材料。

（4）低值耗材：指医疗服务使用的一次性卫生材料。例如，一次性注射器、输液器、输血器、采血管、医用手套、引流袋、手术缝线等。

从国际市场来看，每年医疗器械的销售收入与药品销售收入之比大约为1∶2，国内市场比值为1∶4，说明国内医疗器械市场还有很大的成长空间。医疗器械行业又以医学影像、体外诊疗器械、高值医用耗材等最为重要。随着我国老龄化社会的到来以及医疗改革的提速，医疗器械行业将迎来一个划时代的大发展机会，国产医疗器械厂商在研发领域的投入逐渐增加，国产化替代的最佳机遇已经到来，在这个机遇面前，最终的赢家一定是少数的优质企业，需要我们个人投资者提前做好相应板块的研究，找出具有潜力的优质标的。

四、医疗器械行业需要注意的行业风险

（1）政策性风险。如果带量采购政策在医疗器械行业施行，将会显著降低产品售价，进而影响医疗器械公司的盈利能力。

（2）国产化替代不及预期风险。虽然在中低端市场，大部分医疗器械都开始了国产化替代，但是高端领域依旧被国外领先品牌垄断。国产品牌还存在明显的技术差距，如果国内厂商无法实现技术突破则国产化替代进度将会被延迟。

（3）竞争加剧风险。相比国外市场已经形成了多寡头垄断，

我国各医疗器械市场竞争者众多，综合水平良莠不齐。竞争者过多将可能诱发价格战，影响行业盈利水平。

（4）研发不及预期风险。医疗器械制造商在研发方面投入大量资金，以开发新产品、添加新功能并升级现有产品。缓慢的研发进展将导致竞争力减弱和投资回报降低，从而对公司的财务业绩造成压力。

医疗行业定量分析如下：选取的是中证医疗指数2021年9月1日的数据。

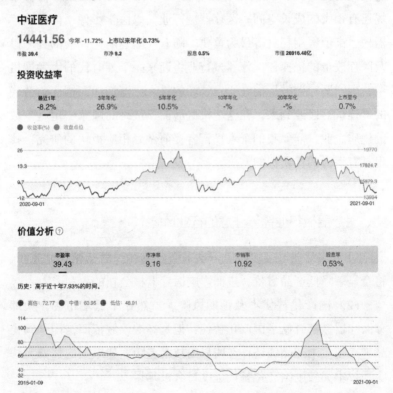

第五章　行业赛道分析

PE/PB Band 估值区间通道

最近10年

市盈率　　市净率　　市销率

收盘点位　80.0x　70.5x　61.0x　52.5x　44.0x

RPS股价相对强度

RPS10	RPS20	RPS60	RPS120	RPS250
3.3%	1.4%	5.1%	28.0%	37.5%

中证医疗-RPS10　　收盘点位

机构持股

中证医疗港股持股比例　　收盘点位(右)

成分股

名称	占比
迈瑞医疗	11.29%
药明康德	12.81%
爱尔眼科	9.42%
康龙化成	3.06%
万泰生物	3.06%
爱美客	3.33%
泰格医药	6.64%
华熙生物	6.64%
通策医疗	5.38%
欧普康视	3.02%

昭衍新药	3.02%
乐普医疗	3.05%
金域医学	3.85%
健帆生物	3.04%

第五节 医美行业

一、行业属性

医美行业兼具医疗和消费双重属性，具备高门槛、个性化的特点，属于消费医疗品类。本质是医疗为基础加需求引领，市场扩容逻辑清晰，长期空间广阔。我国医美行业起步较晚，相较于海外市场成熟度较低，渗透率也较低，但潜在市场空间广阔，存在巨大的投资机会。

我国医美行业高增长的底层逻辑在于，过去若干年经济的快速发展，医美规范化从业人员激增，进口与国产医美可选产品越发丰富且精准，"互联网+"垂直医美平台大幅提升信息透明度。随着公众审美意识被唤醒，支付意愿大幅提升，行业将在经济、物质、文化基础之上焕发勃勃生机。"颜值经济"下，医美已成为医疗消费升级的重要分支，体现了人们对美与健康的更高追求。而医美产品量价齐升的成长逻辑，也使得其成为医药领域与消费领域中不可多得的好赛道。

中国医美行业受历史原因影响起步略晚，发展主要分为三个阶段：起步阶段（1949—2005年）、发展阶段（2006—2015年）和进阶阶段（2016年至今）。1949年北京大学第三医院首次设立整形外科，标志着中国整形行业的正式开端，随后我国一些医学院纷纷成立整形外科,设置专科病床,收治各种类型的整形外科病人,但主要满足被动需求,如为毁容致畸的病患进行修复再塑。2009年,行业自律组织中国整形美容协会成立。而伴随着互联网发展、信息爆炸式传播和群众对医美认识的放开,民营服务机构和平台公司大量涌入抢占市场份额,我国医疗美容整形行业步入增速迅猛的发展期。

(1)医美的医疗属性。相比于普通消费项目,医美风险更高,因此相关产品受到国家及各地药品监督管理局的严格市场准入与质量监管,下游用户对效果以及安全性的要求较高,医疗属性也为医美行业构建起较高的竞争壁垒。

(2)医美的消费属性。社会经济发展以及人均可支配收入达到一定水平时,为了寻求自我认同,而衍生出了自我取悦、社交、容貌焦虑等需求。由于医美项目的效果较为显著,因而具备较强的"成瘾性"。除光电类医美项目可以依靠皮肤病理做客观判定外,大部分医美项目相比临床医疗并没有标准化的诊断方式。医美项目的操作取决于消费者自身条件、需求以及医生的审美、技术,医美效果受多方面因素影响,评价标准灵活,包括实操技术、审美、医患沟通、求美者原生长相等。多样化的标准导致机构对于优秀医生有很高的依赖度。

二、医美行业存在"灰色地带"

据统计,合法合规开展医美项目的机构仅占行业的12%,医美非法从业者达10万以上,合法医师仅占行业的28%,非法针剂(水货、假货)占比77.7%。医美行业作为刚走入大众视野的新行业,机构非法经营以及求美者认知局限导致行业"野蛮生长"。科学、合规必然是医美行业未来发展的主旋律。

三、中国医美市场未来渗透率仍有较大提升空间

医美行业自2014年以来高速发展,大量机构涌现,消费者需求爆发,行业增速显著提升。据统计,2019年中国医疗美容市场规模已达1572亿元,2019年中国医美消费者达1176.3万人(数据来源于Wind)。2020年受新冠肺炎疫情影响,行业增长率有所放缓。经过未来一段时间的行业合规调整与需求进一步释放,市场将逐步回暖。我国医美渗透率相较海外有较大提升空间。根据Frost & Sullivan统计,2018年每千人疗程量中国仅为13.4,相比医美大国韩国的88.2、美国的51.7、巴西的42.3仍差距较大,我国医美行业仍有可观成长空间。2040年我国医美整体渗透率有望达到每千人疗程量47.5。

此外,虽然由于轻医美以及医美电商的兴起,客单价面临下行压力,但考虑到消费升级、复购频次的增加、差异化新品的推出,以及医美群体随着年龄增长抗衰需求愈发强烈的同时消费能力增强,进而向高价值项目升级等因素,预计至2040年,客单价不降反升是大概率事件,保守估计合规市场规模可达7590亿元。根据新氧数据,我国非正规医美市场规模约为正规市场的1~1.5倍,由于上述测算并未考虑合规对非合规市场的替代效应,若考虑此因素,合规市场空间有望到万亿元。

四、医美行业风险提示

（1）新冠肺炎疫情恢复不及预期风险。疫情于2020年上半年严重影响医美行业，由下游延伸至上游，营业额大幅下降乃至停摆，若疫情反复，行业营收状态将再受重创。

（2）医美行业政策影响风险。医美行业受到卫健委、药监局等机构监督管理，或因整治部分市场乱象、收紧行业政策而压缩短期发展空间。

（3）医美行业安全卫生事件影响风险。医美行业目前违规、非法的机构、医师众多，存在安全卫生隐患，发生的负面新闻或对全行业的声誉造成负面影响。

医美行业目前还没有对应的行业指数，投资者只需要重点关注华熙生物、爱美客、朗姿股份等标的即可。

第六节 芯片（集成电路）行业

芯片（集成电路）行业是整个电子信息行业的基础和核心，也是国民经济发展的基础性、先导性和战略性产业，芯片制造技术是当今世界最高水平微细加工技术，是全球高科技竞争的战略制高点，目前我国先后有多家大型企业宣布投资芯片领域，在可以预见的未来，该领域必将取得突飞猛进的发展。

我们经常说的芯片、集成电路、半导体三者是同一个概念吗？

芯片，就是用半导体材料制成的微电路的集合，所以也经常等同于集成电路。如果把半导体比做建房子用的钢筋水泥，那么集成电路就是用钢筋水泥砌起来的不同结构的墙体组合，而最终形成一栋完整的房子就是芯片。近年来，随着手机、物联网以及各类电子产品需求的不断增长，芯片产业也迎来了一波跨越式发展。我们先来看一下芯片行业的发展情况。

一、行业的发展情况

芯片行业属于整个电子信息行业的上游，受市场需求影响极大。近年来，芯片的产量和销售额不断创出新高，特别是由于前些年市场对于芯片行业的重视不够，使得该行业的发展远远落后于发达国家，很多企业的芯片都需要从国外进口，这就使得芯片的进口量呈现出逐年上升的势头。相比于国内生产的芯片，国外进口的产品在性能质量和价格方面要更高，我国的芯片行业还有很长的路要走。

在芯片整个产业链中，核心环节分为三个部分。

（1）芯片设计。芯片设计环节是整个芯片行业中技术含量最高的环节，目前能够独立完成芯片设计的企业主要有高通、英伟达、华为海思、紫光国微、联发科，其中紫光国微为A股上市公司。

芯片的设计有多难呢，就连苹果公司都无法短期内自己解决芯片研发的难题。2019年是5G手机的元年，这一年全球卖出了约2000万部5G手机，华为和三星占了70%，紧接着是vivo、小米，甚至连LG都卖出了90万部，唯独不见一个巨头的身影，那就是苹果。这种罕见的缺席一直持续到了2020年10月，支持5G的iPhone12才上市。以前苹果一直用的都是高通的芯片，

第五章　行业赛道分析

2017年，两家出现了商业冲突。原因是苹果觉得高通的芯片太贵了，收费不合理，平时都是苹果挤压别人的利润，它怎么能容忍被别人坐地起价呢，一气之下，苹果不仅放弃了高通的芯片，还直接起诉了高通。所以，2018年的iPhone XS就没有用高通的芯片，而是用的英特尔，不过英特尔在高端芯片的性能上还是比不上高通，如果大家细心的话，就会发现iPhone XS运行并不算流畅。

　　双方大战的结果大家都知道，苹果不仅没有胜诉，而且在5G手机上大幅落后于竞争对手，最后只能灰溜溜地回去找高通，这才有了搭载高通5G芯片的iPhone12。伴随着iPhone12的上市，高通成为最大赢家，2020年第四季度的利润暴增485%，这就是芯片的威力，一个足以让苹果都浑身难受的核心科技。

　　（2）芯片制造。芯片制造是芯片行业的中心环节。同时，芯片制造需要拥有相应的高端精密设备。目前，能够完成芯片制造的企业包括台积电、三星、联电、中芯国际等。在芯片制造领域，并非投入资金就可以购买到高端精密设备。比如，生产芯片所需要的核心仪器——光刻机，就是一个典型案例。世界顶级光刻机是由荷兰ASML公司生产制造的，该公司生产的光刻机，单台设备售价超过1亿美元。由于一些原因，我国企业难以买到这款光刻机，因此，国内企业只能购买性能相对较差的光刻机，这就使得国内的芯片制造企业非常被动，难以制造出高端芯片。高端精密设备的缺乏，也是我国未来要投入巨额时间和资金去追赶的。

　　（3）封装测试。芯片封装是芯片行业的最后环节。目前，能够从事芯片封装测试的企业相对较多，包括日月光、长电科技、华天科技以及通富微电等。

从整个产业链来看，芯片封测的技术难度和门槛要比设计和制造环节低很多，属于劳动密集型产业，毛利率并不高，目前在国内发展相对成熟，增长速度自然也比不上设计和制造，2019年增速仅为6.7%。在整个芯片领域，芯片的封装测试也是我国的最强项。从全球来看，前十名中有八家中国企业，其中中国台湾五家，中国大陆三家。台湾地区的日月光全球市场份额达到了20%，长电科技是大陆第一、全球第三，全球市场占有率也超过10%。通富微电大陆第二、全球第六，是全球排名前十的芯片公司美国AMD的主要供应商。华天科技大陆第三、全球第七，也受益于国产化替代，和长电、通富并称封测三巨头。

但从业绩和股价表现来看，芯片封测的这几家龙头企业都没有特别突出的，主要还是自身业绩不太扎实，营收虽然在持续增长，但行业竞争格局一般，导致毛利率很低。

二、芯片行业的投资逻辑

在我国芯片这条路才刚刚开始，属于起步阶段，下面我简单讲下我对于这个行业投资逻辑的分析。

2019年上半年芯片板块被资金热炒，涉及芯片领域的企业股票都出现了大幅上涨的走势。在这个时候，对于想要在芯片领域寻找优秀投资企业的投资者来说，尤其需要谨慎，有些股票尽管上涨势头不错，但由于企业核心业务并非芯片，股价难以持久。

我们要寻找在未来的几十年内，能够真正从芯片发展中获益的企业，因此我们需要遵循以下几个原则。

（1）寻找占领技术制高点的企业。前面，我们已经讲过，在芯片领域中，芯片设计环节属于技术含量最高的，也是咱们国内发展最薄弱的一个环节。

目前，能够自主设计芯片的企业主要有华为海思和紫光国微，还有一些企业做各类开关或触控器等产品的芯片，如卓胜微、汇顶科技、圣邦股份，不过从技术含量上来看，华为海思要更高一些，与国际水平更接近。

（2）考虑技术升级换代的影响。在芯片领域开发一项产品，所需要投入的资金和人力都非常高，但又不得不面对技术升级换代的挑战，随着科技的进步，这种升级换代的步伐会越来越快，投资者应该选择能够引领或者紧跟技术进步的企业。当然这部分难度极大，投资者一定要对行业有深入的研究。

（3）技术含量很高的产品，其毛利率总是会随着时间的推进而不断降低。因此，芯片企业必须有新的主打产品能够迭代，否则企业的营收和净利润将不可避免地走下坡路。同样是芯片产品，因为其所处的周期不同，毛利率水平也会有所不同，这与大消费行业和医药行业明显不同。芯片产品是有新鲜期的，越新鲜收益越高，反之则会收益降低。

最后给芯片行业一个评语：路途遥远，重重阻碍，但是只要齐心协力，我们中国人也能制造出世界领先的高端芯片，不再让别人卡脖子。

芯片行业定量分析如下：选取的是国证芯片指数2021年9月1日的数据。

国证芯片

11585.38 今年 28.73% 上市以来年化 23.15%

市盈 72.8　　　市净 8.4　　　股息 0.2%　　　市值 20418.52亿

投资收益率

最近1年	3年年化	5年年化	10年年化	20年年化	上市至今
28.2%	53.9%	25.9%	-%	-%	23.2%

● 收益率(%)　● 收盘点位

价值分析 ⑦

市盈率	市净率	市销率	股息率
72.83	8.42	7.61	0.20%

历史：高于近十年 28.56% 的时间。

● 高估: 107.62　● 中值: 86.86　● 低估: 66.31

PE/PB Band 估值区间通道

最近10年 ∨

市盈率	市净率	市销率

● 收盘点位　● 118.4x　● 102.5x　● 86.7x　● 73.2x　● 59.7x

第五章 行业赛道分析

RPS股价相对强度 ⓘ

RPS10	RPS20	RPS60	RPS120	RPS250
10.5%	9.8%	87.0%	92.4%	85.7%

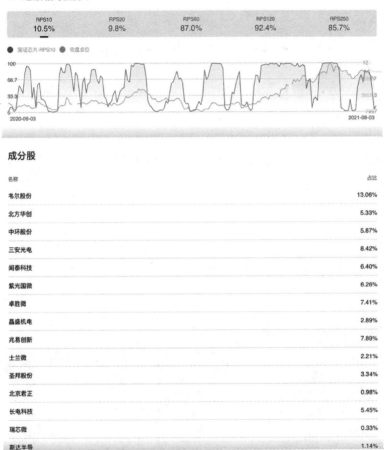

成分股

名称	占比
韦尔股份	13.06%
北方华创	5.33%
中环股份	5.87%
三安光电	8.42%
闻泰科技	6.40%
紫光国微	6.26%
卓胜微	7.41%
晶盛机电	2.89%
兆易创新	7.89%
士兰微	2.21%
圣邦股份	3.34%
北京君正	0.98%
长电科技	5.45%
瑞芯微	0.33%
斯达半导	1.14%

本章作业：请深度分析一个行业（你觉得有投资潜力的行业）。
提交作业请关注微信公众号：亮叔财富观。
回复关键字："第五章作业"。

　　对优质作业，我将赠送我的录播课和经典投资书籍。

第六章 投资企业分析

第一节　贵州茅台

2013年9月至2014年1月我开始陆续建仓贵州茅台，投资茅台对我的投资生涯意义重大，不仅仅是获得了超额收益，更重要的是坚定了我对长期投资方法的认可，目前茅台仍是我长期投资账户的第一重仓股。

我会通过两个部分来给大家讲解茅台这家企业，第一部分我会讲解我为什么投资茅台和我是如何做投前分析的，第二部分我会讲解投资后我对茅台的跟踪与复盘。我相信这两部分是大家迫切想知道的：我为什么可以在茅台身上获得超额收益的"投资秘诀"，及其在后面的企业分析中是否还适用于其他的优质企业。

一、只做有把握的投资，等待时间逐步建仓

我在2010年底的时候给20家优质企业做了数据复盘，我统计了2001—2010年10年间上市企业的两个财务指标与股价的对比数据：营收和净利润与股价的涨幅对比，重点在股价的涨幅。其中贵州茅台的数据排在了这20家企业的第一名。茅台于2001年8月27日登陆上交所，收入由2001年的16.2亿元增长到了2010年的116.3亿元，期间复合增长率达21.8%；净利润由3.3亿元增长到50.5亿元，期间复合增长率达31.4%。茅台上市10年股价涨幅约21倍。当我看到这个统计结果后，我迫切地想知道这家企业到底有什么"魔法"，使其可以在二级市场让投资者获取超额回报。

第六章 投资企业分析

好奇心驱使我分析这家盈利能力如此强悍的企业。我先从茅台的业绩增长中找答案，这10年里茅台的业绩增速为何如此之高，未来这个增速还能保持吗？如果能，是不是我可以找到合理价格逐步建仓呢？

通过翻阅年报和查阅白酒行业资料，我总结出了贵州茅台高速增长的秘密。

（1）白酒行业进入高速发展期。从2003年开始，我国白酒行业进入高速发展阶段，其中2006—2010年白酒行业产量5年复合增长率约为20.6%，收入5年复合增长率约为28.3%，持续较快增长。

（2）茅台的高增长阶段。2003—2007年这轮茅台的高增长是消费升级带动的，这次消费升级主要是因为公职人员这个当年茅台的消费群体，期间的2004—2006年茅台分别获得106.0%、62.3%和187.4%的超额收益，被称为"黄金三年"。在这三年中，茅台相对市场整体的估值溢价由0上升至100%，即2004年初，茅台的PE估值和市场平均水平一致，而2006年末时上升至市场平均水平的两倍。

2008—2010年茅台收入增长较慢，分别增长13.88%、17.33%和20.30%。茅台一批价格由2008年三季度的600元下跌至2009年3月最低点的530元。这三年茅台的超额收益分别为：10.3%、-48.2%和16.1%。

以上是我找到的茅台2001—2010年这10年高速增长的原因，接下来我对茅台的产品充满了疑问，"茅台"凭什么卖这么贵，它有什么独特之处吗。我通过查阅年报、公告和其他公开资料，进一步找到了答案。

贵州茅台具有两个稀缺：产品的稀缺和品牌的稀缺。

（1）产品。茅台的生产对自然条件依赖性非常高，茅台酒是开放式自然发酵的，地处低凹河谷地带，风速小，形成了相对稳定的小气候环境，赤水河从中缓缓流过，为茅台提供了发酵所需的适宜温度和相对湿度。且茅台镇地区的长期酿酒生产工艺对当地微生物起到了自然驯化、筛选的作用，为茅台酒生产提供了丰富的、难以复制的微生物资源。历史上"异地茅台"试验（在遵义依据茅台生产工艺生产珍酒）的失败说明了：离开了茅台镇生产不出茅台酒。

茅台酒的酿造过程经过前人的不断摸索完善，逐渐形成了"高温制曲、高温堆积、轻水入窖、2次投料、8次加曲、8次发酵、9次烤酒、高温接酒、以酒养窖、7次摘酒、长期贮存、精心勾兑"的完整工艺，精选赤水河沿岸种植的糯性高粱作为原料，出酒率不断提高，目前约2.4斤红高粱、2.6斤小麦能出1斤茅台酒。

酒的生产时间为端午踩曲，重阳投料，一月一个小周期，一年一个中周期，六年一个大周期，这意味着茅台酒的产能扩张需要5~6年的时间才能够形成商品酒的产量，并体现出经济价值。茅台酒的生产从投料到出商品酒的六年时间是这样分配的：制曲及贮存一年，制酒生产一年，生产的基酒陈酿三年，勾兑后贮存一年。茅台酒经过陈酿，在贮存过程中发生一系列物理和化学变化，可以使茅台酒的风格更加明显。

茅台酒的生产有严格的流程，对地理位置的要求极为苛刻，所以导致了产能有限制，我查阅了贵州茅台上市之前关于产能的资料和上市之后产能的扩张速度。

第六章 投资企业分析

为什么要去了解产能？因为只要知道产能的扩张速度，大致就可以预测出茅台未来几年的销售额，通过现金流折现大致帮我估出一个合理建仓区间。

茅台酒的产能从1953年的75吨增至1000吨，花了26年时间；从1978年的1000吨增至2000吨，用了14年时间；从1992年的2000吨增至10000吨，用了13年时间；2006年，茅台酒产能达到约15000吨，开始进入"十一五"每年2000吨的产能扩张阶段，到2010年产能达25000多吨。2009年起，公司开始进行"十二五"的产能扩张规划，通过关闭茅台镇的露天酿酒小作坊和居民搬迁，腾出生产用地，进行产能扩张，从2010年末起每年有望新增2600吨茅台酒产能，预计到2015年将完成40000吨左右的产能规划。产品的稀缺性和产品可以进一步扩张的问题我已经找到答案了。

（2）品牌。茅台的品牌可以被复制吗？投入资金就可以再造一个茅台吗？通过查阅白酒历史资料，我找到了答案：1935年长征期间，红军战士在茅台镇用酒消毒疗伤、止痛解乏。茅台酒与军队的渊源从此联系在一起，其他品牌无法复制。

1949年10月1日开国大典之后的开国第一宴，经周恩来总理直接审定，以茅台酒为主酒。从此，茅台酒就成了国宴和其他重要宴会的必用酒。

1984年中英联合声明正式签署，为香港回归铺平了道路，邓小平用茅台酒宴请撒切尔夫人，以示庆贺。茅台酒见证了众多的外交成功时刻，成了外交酒。

最后我发现，茅台是高端白酒中心智营销做得最好的，没有之一。茅台的管理层对相关核心消费群体持续不懈地公关营销，占领了品牌塑造的高地，起到了强大的辐射作用，对品牌形象的塑造起到了小投入大产出的效果。这使得公司的营业费用率不断下降，跟可比公司（五粮液、泸州老窖）对比费用最低。

之后，我还梳理了茅台的产品结构和销售渠道。茅台的产品结构我就不多言了，相信大家现在非常了解，我重点讲一下2011年时茅台的销售渠道：茅台主要通过团购、建设专卖店及特约经销商渠道实现销售，经团购、专卖店及特约经销商等渠道销售占比约60%~70%，在同行中渠道扁平化程度最高。截至2011年2月，茅台在全国共有专卖店929家，特约经销商296家，分别比2009年末增长了10%和35%，合计共1225家，领先于五粮液的872家。若按照公司每个县级行政区至少有一家专卖店的规划，我国目前有2800余个县级行政区，则茅台专卖店及特约经销商数量仍有翻一番的空间。由于茅台的渠道扁平化程度最高，因此在与经销商博弈过程中占据主导地位，前五大客户贡献收入约6%，远低于同行的平均水平。茅台相对经销商的强势地位有助于今后有能力持续提高出厂价。

上面的调研和分析，让我坚定地把茅台放入了我的长期投资账户备选中，接下来就是长达两年的持续跟踪。做二级市场投资需要耐心，当你发现了一家优质企业的时候，通常这家企业的股票价格在90%的时间都处于溢价状态，因为好标的大家都知道。

接下来，我在等一个合理的价格区间，因为市场短期内是无法预测的，我当时的计划其实很简单，如果经济步入下行周期，即使茅台这样的强势品牌也多少会受到影响，所以我不急，我可以慢慢等。

下面的事情我相信大家也都知道了，2012年11月19日酒鬼酒被爆出塑化剂含量超标260%，2012年11月20日早盘白酒股大跌，午后继续暴跌。这种行业大事件对于我们追踪白酒的投资者来说是要持续观察的，很快2012年12月6日晚茅台发布了公告来解释塑化剂的问题，公告原文如下：

"公司生产过程中不添加任何外加物质。公司对原辅料、与酒接触器具、在制品和产品实行全过程监控，所有原辅材料、与酒接触器具和产品均符合国家标准。2011年台湾'塑化剂'事件发生后，公司高度重视，对生产过程所涉及的塑料制品进行了全面筛查和风险评估，将塑化剂指标纳入了质量监控体系并严格监控。根据公司自查及与权威检测机构比对结果，公司出厂产品塑化剂指标均符合国家相关监管部门限量要求，并欢迎社会各界考察调研。"

茅台对塑化剂事件给出正面回应，有助消除市场疑虑。后面茅台也陆续公布三份检验报告，53度飞天茅台塑化剂含量符合国家标准。

继酒鬼酒被爆塑化剂超标以来，茅台股价积累跌幅达到18%。即便这样，茅台当时在我的评估体系内也还是没有达到建仓区间，我还需要耐心等待，同时继续观察这次食品安全事件给整个白酒行业带来的影响。2012年12月4日，中共中央通过了"八项规定"。中央厉行节约反对浪费，"三公消费"明显全面收紧，政府抑制公款消费，高档白酒消费量增长速度预期降低，销售价格回落压力较大。贵州茅台对全国经销商向第三人销售茅台酒的最低价格进行限定，被政府物价部门认定为违反了《中华人民共和国反垄断法》第十四条的规定，被罚款2.47亿元。

2013年3月十二届全国人大一次会议闭幕后，国务院总理李克强在记者会上给新一届政府"约法三章",其中有公费接待只减不增,而且中央政府要带头做起,一级做给一级看。可以预计,该项规定一级接一级贯彻落实下去以后,公款消费将有较大幅度减少,贵州茅台、五粮液等部分高档白酒消费量增长速度预期降低,销售价格回落压力较大。

茅台酒的价格回落有多大呢,以沈阳市场为例,2009年底53度飞天茅台酒零售价格为760多元,2010年9月上涨到逼近1000元,2011年中秋节上涨到1500元左右,2012年初到春节前上涨到2200多元,春节后持续回落,到2013年3月甚至跌到了1300元以下。

接下来,我要通过行业和政策的双重利空,说明为何我要在2013年9月至2014年1月开始分批建仓茅台。

白酒行业塑化剂事件尽管被证明厂商没有人为添加,贵州茅台酒塑化剂含量没有超标,但是给消费者心理造成的影响将持续相当长时间。事件出来后,茅台快速发布公告表明态度,同时送检产品及时公布检测结果,后面只需要时间让市场慢慢消化。

其实,关键核心是政府限制三公消费,考验茅台的时刻到了,接下来茅台需要调整经销思路,改变目标销售客户,如果调整成功,我就毫不犹豫地建仓茅台。

我开始耐心等待茅台的半年报,数据如下。

2013年上半年,贵州茅台共生产茅台酒及系列产品基酒35041.92吨;实现营业收入1412786.72万元,同比增长6.51%;营业利润为1039774.64万元,同比增长6.10%;实现归属于上市公司股东的净利润724794.47万元,同比增长3.61%;基本每股收益6.98元。

营收和净利润这两个指标低于预期，但是我更看重的是茅台如何改进销售渠道。茅台于 2013 年 7 月实行了销售新政策，并且放开供应给酒仙网、京东商城等大众消费渠道。经过我的计算，这部分销售量约为 2800 吨，可带来约 47 亿元的报表收入，这部分收入将在下半年开始体现，同时新加入的经销商也为茅台带来了新的客户群体。茅台这一步的决策非常明智，我准备开始陆续建仓茅台，同时我还要继续追踪茅台的下半年销售情况。12 月 10 日茅台发布销售数据：截至 11 月初茅台酒销量同比基本持平，而销售额增速高于前三季度，公司二季度单季收入增长为 -4%、三季度单季收入增长为 17%。

下半年以来，茅台的销售呈现回暖态势。我的投资决策进一步得到了验证，继续分批建仓茅台。我建仓茅台的时间从 2013 年 9 月持续到了 2014 年的 1 月，分批建仓只是希望通过销售数据来证实我的投资决策方向是正确的，这种分批建仓操作方式一直被我用到了今天，后面发生的事情我相信大家都很熟悉了，我希望我对茅台的投资决策分析可以给大家带来一些启发。

下一部分我会来分析一下茅台近些年的表现，以及我对茅台的持续投后跟踪。

二、建仓茅台后，坚持追踪企业发展进度

（1）茅台持续的高端定位和品牌定位明晰。公司对茅台高端品牌的定位明晰，制定较高的茅台酒出厂标准，严控产品品质，同时对产品研发大量投入，致力于提高茅台酒的档次和质量

稳定性。主力产品53度飞天茅台是高端白酒的典型代表。这是我最看重的茅台核心买入点之一，如果只能选一个，那这个就是唯一，茅台从上市到现在一直没有因为品牌问题走过弯路，牢牢地把握住了茅台高端稀缺的品牌力（五粮液和泸州老窖都走过弯路）。如果在未来茅台把品牌的高端稀缺性给做没了，那我会马上抛弃它（卖出股票）。

2013年之前，茅台主要是政商群体在消费，2013年之后茅台成了普通大众的高端白酒首选品牌，这就说明了茅台的品牌就是它的无形资产，消费者会愿意为了这个品牌支付更高的价格。

（2）茅台的扁平化渠道让它具有更强的掌控力（提价和控价能力）。

1）2012年国家限制"三公消费"和行业出现了白酒塑化剂事件，在双重打击下，白酒行业开始快速下跌进入寒冬期。面对政务消费的迅速萎缩，茅台实施了经销商扩充加渠道下沉的战略。2013年通过降低茅台经销商的加盟门槛，在诸多有开发潜力的空白市场积极招商，且在江浙沪等经济发达区域进行渠道下沉，在区县开设茅台专卖店，积极承接大众消费需求。这一系列渠道建设动作帮助茅台充分挖掘大众消费潜能，成功实现由政务消费驱动向大众消费驱动的转型。也正是茅台的渠道转型，让我抓住了建仓茅台的好时机。

2）茅台从2012年开设第一家直营专卖店，开始发力直营渠道建设。2018年下半年为优化经销商结构，公司取消违规经销商的经销资格，全年茅台酒经销商减少437家。同时，公司决定经销商渠道的1.7万吨茅台酒配额不再增加，从违规经销商收回的配额及新增配额将转为在直营、团购等渠道投放。2019年5

月贵州茅台成立集团营销公司，面向团购、商超等终端客户提供服务，这是直营渠道建设进程中的重要一步。在此阶段，茅台也积极布局商超、电商、社区等新渠道，不断健全营销网络，拓宽消费者覆盖面，增强品牌影响力。

3）渠道扁平化持续推进，茅台对渠道的控制力进一步增强。茅台采取了不同于五粮液大经销商制的渠道模式，在一地招募多家特约经销商，小经销商模式的优势在于可以避免经销商做大以后对厂商形成反制。与其他高端白酒品牌相比，当前茅台渠道扁平化程度更高，对经销商的依赖程度更低。根据公司年报披露数据，2019年茅台前五大客户销售额占比为12.9%，低于五粮液（13.3%），更远低于泸州老窖（66.1%）。

为了规范渠道行为，2018年底茅台开始进行渠道整顿，取消大批违规经销商。规范的渠道行为有助于维护茅台的品牌形象，茅台相对渠道的强势地位有利于公司经营战略的执行。

以上两个茅台核心战略不变，就不会改变我对茅台的判断。

任何企业都不能一直保持快速增长，同样任何企业也不能保证二级市场的股价持续上涨，但是只要企业的核心不变，中间短期的变化都可以当作暂时的企业经营噪声来处理，我持续追踪企业的季度报告、半年报、年报。这些都是我可以通过公开市场信息获取的企业的经营变化。

其实，我对茅台的分析内容还有很多，以上就是我选取的部分分析思路，希望对大家的投资带来启发（因为茅台的财务数据太漂亮了，大家都应该在各个渠道看过，我在这里就不再展示了）。

贵州茅台定量分析（2021年9月2日收盘数据）如下所示。

高效投资：个人投资者快速学习的投资方法

贵州茅台 白酒行业的标志性企业

1618.80 今年 -18.21% 上市以来年化 28.27%

市盈 41.7   市净 12.6   股息 1.19%   市值 20335.33亿

展开更多信息 ˇ

投资收益率

最近1年	3年年化	5年年化	10年年化	20年年化	上市至今
-9.0%	36.2%	41.1%	27.3%	28.0%	28.3%

● 收益率(%) ● 投资前复权(元)

2020-09-02 — 2021-09-02

价值分析

市盈率	市盈率(扣非)	市净率	市净率(扣商)	市销率	市现率	企业倍数
41.71	41.51	12.57	12.57	20.33	33.46	30.63

分位点：88.07%，高于饮料制造行业均值：40.97。

● 危险值：35.51 ● 中位值：25.98 ● 机会值：14.81

2011-09-09 — 2021-09-02

PE/PB Band 估值区间通道

近10年 ˇ

市盈率	市净率	市销率	市现率

● 股价 ● 39.1x ● 32.5x ● 26.0x ● 19.7x ● 13.3x

170

第六章 投资企业分析

投资简析

正面因素：
- 龙头 公司是 饮料 行业的龙头。
- 收现 近5年，收现比为 115.4%，销售收入现金含量很高。
- ROE 近5年，净资产收益率平均为 31.9%，获取收益能力很强。
- ROIC 近5年，投入资本回报率平均为 29.4%，创造价值能力很强。
- 北向 北向资金持股占流通股比例为 7.4%，很受外资关注。
- 公募 公募基金持股占流通股比例为 5.9%，较受内资关注。
- 评级 近90日，25家机构给出评级，机构关注度很高，72.0% 为买入，距目标价(2737.67)还有 58.8% 的上涨空间。

负面因素：
- 估值 最近综合估值高于近十年 89% 的时间，处于历史高位。
- 趋势 最近6个月，股价表现差于 95.2% 的股票，走势较弱。

盈利能力

| 杜邦分析 | ROE 33.4% | 净利润率 50.2% | 总资产周转率 53.5% | 杠杆倍数 1.3倍 | 总资产收益率ROA 26.9% | 投资资本回报率ROIC 29.9% |

● 贵州茅台　● 白酒

	ROE(TTM)		净利润率		总资产周转率		杠杆倍数
●	33.41%	=	50.25%	×	0.54	×	1.27
●	25.61%	=	36.43%	×	0.54	×	1.30

成长能力

年度

| 总营业收入 1030.8亿 | 营业利润 696.3亿 | 归母净利 487.5亿 | 扣非净利 489.9亿 | 经营现金流 607.7亿 | 净资产 1617.4亿 |

● 总营业收入　● 同比增长率

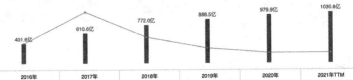

	2016年	2017年	2018年	2019年	2020年	2021年TTM
●	401.6亿	610.6亿	772.0亿	888.5亿	979.9亿	1030.8亿
●	20.06%	52.07%	26.43%	15.10%	10.29%	10.46%

高效投资：个人投资者快速学习的投资方法

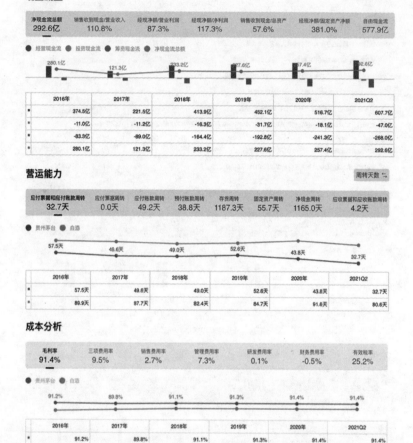

172

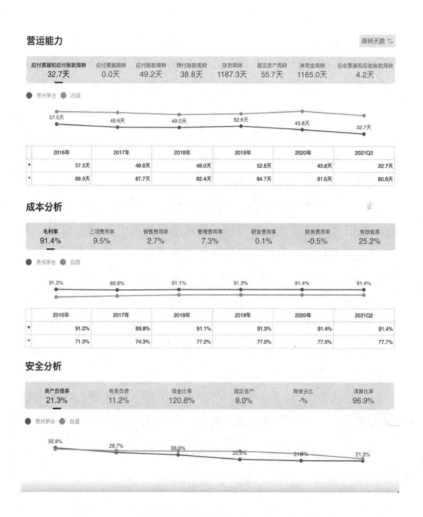

第二节 万华化学

万华化学是一家优秀的企业，2012 年开始我就关注了万华化学，当时还叫烟台万华。我还是照例整理了万华化学近 10 年的营收、净利润与二级市场股价的变化。2001年万华化学归属母公司股东的净利润为1.007亿元，2010年归属母公司股东的净利润为15.3亿元，10年间万华化学归属母公司股东的净利润上涨约14.2倍。2001年万华化学二级市场收盘价格为48.66元，2010年二级市场收盘价格为333.1元（股价是后复权），10年间万华化学股价涨了约6倍。万华化学成立于1998年12月20日，于2001年1月5日在上海证券交易所上市。

这样一家优秀的企业，到底做对了什么呢？每当遇到好企业，我都会问自己这样的问题，到底哪里优秀？我们先来看一下万华主营业务的变化。万华化学主营业务历经三次升级：第一阶段为1980—2009年，主要经营单一的MDI产品；第二阶段为2010—2015年，形成了聚氨酯和新材料产业链，扩大了经营范围；第三阶段为2016年至今，形成了聚氨酯、石化、新材料三大产业链，经营结构更加合理，分散了单一产业链经营的风险，支撑着公司股价连续创造新高。

我是从2015年下半年开始陆续建仓万华化学的，接下来我想从现在的这个视角给大家拆解一下这家优秀企业。

一、深度复盘：万华化学的变革之路

（1）万华化学过去10年取得的成绩（2009—2019年）。过去10年是万华化学从优秀走向卓越的10年，从一家优秀的化工企业成长为中国化工行业的头把交椅，并且有潜力成为全球化工行业巨头。

10年来，万华收入从2009年的64亿元提升至2019年的

680亿元，归属母公司净利润从2009年的10.6亿元提升至2019年的101亿元，收入和利润都获得10倍左右增长。10年来，万华MDI产能从50万吨提升至210万吨，产能达到全球第一。同时万华也在不断地开发新的品种，使公司发展多元化，以避免利润过多依赖于MDI，目前万华已形成产业链高度整合、生产高度一体化的聚氨酯、石化、精细化学品及新材料三大产业集群。

（2）2008年金融危机后，万华大胆革新扩大产能。2008年下半年，美国发生百年一遇的金融海啸，引发了全球50年一遇的经济衰退。万华从产品价格到产品需求，都发生急剧变化。

国际原油价格从2008年年中高点的147美元/桶下跌到年底的不到50美元/桶，MDI（万华主营产品）成品价格和原料价格都大幅下滑，全球MDI巨头，例如拜耳、巴斯夫—联恒的装置都在中国大陆集中投产，MDI供求关系发生质的转变。万华化学管理层在MDI市场低谷期持续扩张产能，对外发挥了两个MDI制造基地的优势和产品质量优势，牢牢掌握了国内市场的主导权。一家伟大企业必须敢于在行业低迷期，投入资产扩大产能，抢占市场占有率。同样，一位优秀的长期投资者，也要敢于在优质企业回调到合理价位时果断建仓。

（3）2009年，万华的生产经营遭遇前所未有的压力，上市以来利润首次出现负增长，这是自万华成立以来最具挑战性的一年。2009年，实现收入65亿元，同比下降15.7%，实现归属母公司净利润为10.6亿元，同比下降31%。

因2009年国际油价全年上涨，带动MDI价格出现一定幅度上涨，但由于过去两年市场增加产能，整体供过于求，MDI涨幅不及原材料苯和苯胺的上涨幅度，其主要原因是受金融危机影响，需求出现下滑，使得 MDI 产品价差缩小，利润同比减少。2009 年大盘从底部反弹了 79.98%，万华股价也上涨了 149.21%，2009 年万华股价的大涨主要是跟随市场，带动公司估值 PE（TTM）从年初的 10.94 倍提升至年底的 33.74 倍。

虽然 MDI 全球整体上供大于求，但发展中国家对其需求进入高速发展期，2009 年我国需求增速接近 20%，拉美、中东、印度及东南亚等国家和地区的经济发展速度也很快，未来几年这些地区 MDI 需求量也有望达到 20% 以上的增长速度。同时，这些地区没有本土的 MDI 制造基地，给万华化学的发展提供了巨大的市场空间。

（4）2010 年，行业低迷期过后，万华 MDI 产能继续扩张，万华这次瞄准海外市场。2010 年开始逐步加大对海外市场的开拓力度，特别是扩大在新兴市场的份额。2010 年油价继续处于上涨趋势，MDI 需求也开始恢复。

2010 年全球 MDI 需求同比增长 7.50%。MDI 价格回升明显，聚合 MDI 的价格从年初的 14850 元/吨上涨至年末的 16850 元/吨，纯 MDI 的价格从年初的 16600 元/吨上涨至年末的 20100 元/吨。产品价差也处于上涨趋势中，聚合 MDI 的价差从年初的 4834 元/吨上涨至年末的 7426 元/吨。2010 年万华实现收入 94.3 亿元，同比增长 45.23%，实现归属母公司净利润 15.30 亿元，同比增长 43.53%。但 2010 年上证指数下跌 14.31%，万华的股价也回落了 18.05%。2010 年，万华的股价变化也主要是跟随市场。

2010 年，万华的整体估值水平位于近 10 年的高位，PE（TTM）的走势基本跟随大盘，2010 年上半年上证指数回落，下半年开始上涨，万华的 PE（TTM）从年初的 33.74 倍回落至 7

月初的 19.76 倍，到年底又上涨至 27.26 倍。

好企业价格便宜的时间都很短暂，我们要珍惜建仓机会。随着全球经济和化工行业逐步走出低谷，步入新一轮的上涨周期，MDI 全球需求也随之增长。随着新型材料替代传统材料速度的加快，如汽车轻量化技术的实施，聚氨酯应用领域更加宽广。同时，由于全球变暖，能源成本高涨，越来越多的国家将出台各项法规提高能源效能，提高房屋建筑环保、节能指标这些政策必将促进 MDI 在全球建筑保温领域中的应用。

（5）2011—2012 年万华走出国门正式进入国际竞技场。2011 年 2 月 10 日，公司公告控股股东万华实业通过海外的控股子公司收购匈牙利 Borsod Chem 公司（BC）96% 的股权，BC 公司当时有 MDI 产能 18 万吨，TDI 产能 9 万吨，PVC 产能 40 万吨。BC 公司被万华实业收购后，委托由万华进行管理。

2012 年前三季度 MDI 价格大幅提升，主要是万华化学、巴斯夫、拜耳（科思创）、联恒相继停产检修，市场货源偏紧，几家主要企业挺价意愿明显，又加之全球 MDI 需求增速超过 10%，所以价格连续上涨。而同期原油价格表现较弱，原料价格下跌，MDI 价差也被大幅拉升。四季度，万华化学开始主动降价，以获得更多市场份额。万华逐步具备了较强的自主创新能力，随着一批高附加值新产品中试成功或装置投产，新产品的收入和利润占比不断提升，同时烟台工业园 PO/AE 项目也开始丰富公司的产品线，让公司逐步减少对 MDI 单一产品的依赖。第五代光气化技术成功应用于烟台和宁波装置上，使 MDI 单套产能进一步提高，且成本下降，质量继续上升。

（6）2013 年全球 MDI 需求继续增长，收入首破 200 亿元。

2013年是万华发展过程中关键的一年，销售收入首次突破200亿元大关，万华化学在国内外MDI市场的领先地位得到进一步巩固和提升。国际贸易方面，万华在销售MDI的同时，同步销售改性MDI、ADI、聚醚和石化等产品，渠道协调效应得到进一步体现。

（7）2014—2015年全球市场进入下行周期，万华全力推动产品多元化。2014年国际原油价格高位下滑，各类化工品的价格都进入下行通道。国内聚氨酯整体市场需求增速放缓，而随着巴斯夫（重庆）、拜尔（上海）及万华（烟台）新装置的投产，MDI市场出现供过于求，中国MDI市场价格一路受压下滑。

2014年，万华烟台工业园工程取得重大成果，MDI一体化项目经过全体员工三年多的不懈努力，于11月7日一次试车成功并产生合格产品，实现了万华化学第五代MDI生产技术的成功产业化。

在材料及应用技术开发方面，2014年8月，宁波5万吨/年水性树脂生产装置一次开车成功，连续稳定地实现了开发的全系列配方产品的成功试生产，标志着万华已完全掌握水性聚氨酯和丙烯酸分散体的大规模连续化生产技术。

2015年随着烟台工业园一期项目的全面投产，万华终于集成了聚氨酯、基础化学品、功能解决方案、特殊化学品的多元化业务，通过技术、工艺、产品及资源平衡的创新，实现了产业链横向/纵向和能源的高效利用。万华北京、聚醚、新材料、表面材料、ADI、特种胺六个高性能材料和特殊化学品事业部的业务增长速度均超过了原有的MDI业务，不仅为公司带来了新的利润增长点，也增强了公司业务的抗风险能力。

（8）2016—2017年化学品的价格进入上行期，供给侧改革来了。2016年，全球经济温和增长，中国供给侧改革的成效开始显现，宏观经济运行不断向好，全球大宗商品特别是原油价格明显回升，中国化学品的价格触底反弹。2016年全球MDI产能增速放缓，需求则继续增加，供给端连续出现不可抗力因素，带动产品价格不断上涨。2016年公司实现收入301亿元，收入同比增长54.42%，实现归母净利润36.79亿元，同比增长128.51%。2016年，上证指数涨幅为-12.31%，万华的股价涨幅为22.48%，万华股票涨幅超过大盘。

（9）2017年向全球化工龙头迈出第一步，利润首次突破百亿元。2017年，全球经济触底反弹，宏观经济明显向好，我国供给侧改革取得显著成效，经济产业结构进一步优化，市场需求旺盛，大宗商品价格随之大幅提升。

聚合MDI的价格从年初的21950元/吨上涨至年末的27300元/吨，纯MDI的价格从年初的23500元/吨上涨至年末的30250元/吨。原材料的价格只是略有提升，聚合MDI的价差从年初的12574元/吨提升至年末的18084元/吨，在2017年9月中旬，聚合MDI的价差更是达到了34982元/吨的历史最高值。万华各产品的销量也全面提升，聚氨酯系列产品实现销量180.22万吨，同比增长25.21%；石化系列产品实现销量158.85万吨，同比增长24.27%；精细化学品及新材料系列产品实现销量23.96万吨，同比增长50.90%。2017年万华化学实现收入531.23亿元，同比增长76.49%，实现归属母公司净利润111.35亿元，同比增长202.66%。

2017年，上证指数涨幅为6.56%，万华的股价涨幅为117.50%，股价表现远超大盘，股价上涨主要来自于产品价格的提升，其次是销量的增长。在中国经济进入周期性和结构性的调整之际,万华化学加速了以中国为中心,全球化发展的步伐。

(10) 2018—2020年万华受资本市场认可,白马价值凸显。万华化学再次大幅跑赢市场,期间上证指数下跌8.91%,万华化学上涨62.23%。这两年,万华面临的全球环境发生重大变化,国际贸易保护主义抬头,中美贸易关系不断反复,全球经济不确定性加剧。2018年年中是化工行业景气周期高点,2018年上半年万华延续了前一年的上涨趋势,下半年开始回落。2019年一季度大盘大涨,随后陷入调整,万华作为化工行业上市公司中最优秀的企业,长期投资价值得到全球资金认可,估值大幅提升,在行业下行期股价创出了新高。

二、我对万华化学的未来展望

万华在过去取得了巨大成就,从股价上看,2019年末股价为2009年初的11.78倍,为2001年1月5日上市时价格的73.91倍。2020年经历了新冠肺炎疫情的影响,股价又创历史新高,最高达到92元。

万华取得如此之大成就的原因有很多,比如MDI行业赛道好、空间大、壁垒高;公司长期坚持以技术创新和研发技术为核心,将成本做到全球领先,市占率不断扩大;核心管理层有股权激励,员工人均薪酬在行业内绝对领先,公司活力足,能持续激发员工潜能。

从资本市场角度来看,万华也迎来了很好的时期。随着国内资本市场的开放,万华这类级别的公司已是全球定价,万华作为国内细分行业龙头,凭借产业链一体化优势、成本优势、激励优势,盈利确定性强,短期业绩虽然会受周期性影响,但国内化工行业的发展趋势,给企业长期成长提供了很好的土壤,所以万华深受长期资金的青睐。目前,国内资本市场资金越来越价值化、长期化,对于盈利质量高、市场份额可以不断提升的龙头企业,估值溢价会不断提升。2020年上半年,受全球新冠肺炎疫情的影响,万华的开工率和需求会下降,但市场更关注万华化学的长期投资价值,从未来资金风格来看,预计万华化学会迎来非常好的市场环境。目前,我的长期投资账户还一直有万华化学,后期也会持续追踪这家优质企业。

三、万华化学的潜在风险

(1) 全球疫情和国际贸易摩擦影响需求的风险。目前,新冠肺炎疫情在全球蔓延,国内已经有效控制,企业基本完全复工复产,海外虽然也有复工复产的计划,但短期对产品需求还是会有非常大的影响;当前国际贸易摩擦持续,逆全球化有抬头趋势,预计对国内企业需求会持续带来影响。

(2) 油价和产品价格大幅波动影响业绩的风险。公司产品周期性较强,油价和产品价格的大幅波动,会给公司业绩带来较大影响。

(3) 产能和生产基地大量扩建,给管理和人才保障带来挑战的风险。公司原有基地有产能扩建计划,另外又要新建福建和四川基地,新产能和多个基地的建设,给公司管理和人才保障带来一定的挑战。

(4) 新项目盈利短期能否达到预期的风险。2020年底投建的烟台工业园聚氨酯产业链一体化—乙烯项目各产品周期性较强，且为充分竞争产品，在当前化工品周期下行趋势尚未改变的背景下，短期盈利能否达到预期存在一定不确定性。

万华化学定量分析（2021年9月2日收盘数据）如下。

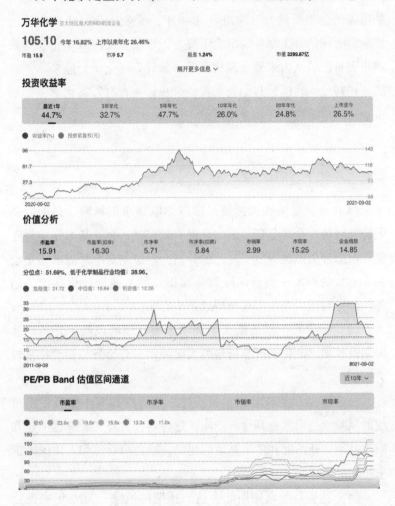

第六章 投资企业分析

投资简析

正面因素：

- **龙头** 公司是 化学原料 行业的龙头。
- **PEG** 未来3年，机构预测净利润复合增长率为 38.3%，PEG为 0.48，价值或被低估。
- **利润** 最新季度，扣非净利润同比增长 430.0%，成长能力较强。
- **收现** 近5年，收现比为 122.6%，销售收入现金含量很高。
- **ROE** 近5年，净资产收益率平均为 33.7%，获取收益能力很强。
- **ROIC** 近5年，投入资本回报率平均为 19.4%，创造价值能力很强。
- **分红** 近3年，股息率平均为 2.1%，现金分红较高。
- **强势** 最近1年，股价表现强于 88.5% 的股票，走势较强。
- **北向** 北向资金持股占流通股比例为 14.1%，很受外资关注。
- **公募** 公募基金持股占流通股比例为 12.8%，很受内资关注。
- **评级** 近90日，68家机构给出评级，机构关注度很高，83.8% 为买入，距目标价(156.61)还有 31.4% 的上涨空间。
- **业绩** 07月09日发布2021年半年报业绩 预增 公告，预计归母净利润为134.00亿~136.00亿元。增长率为373.0%~380.0%，按最新业绩预估PE为 18.58~18.50。

负面因素：

- **资产** 固定资产占总资产 35.8%，为重资产运营模式，资金投入大，资产折旧率高。
- **债务** 有息负债率为 39.1%，偿债压力较大。

盈利能力

杜邦分析	ROE 40.9%	净利润率 19.2%	总资产周转率 78.1%	杠杆倍数 2.8倍	总资产收益率ROA 15.0%	投资资本回报率ROIC 21.0%

● 万华化学 ● 聚氨酯

	ROE(TTM)		净利润率		总资产周转率		杠杆倍数
●	40.95%	≈	19.21%	×	0.78	×	2.76
●	24.83%		13.96%	×	0.79	×	2.34

成长能力

年度

总营业收入	营业利润	归母净利	扣非净利	经营现金流	净资产
1101.8亿	246.2亿	207.4亿	202.5亿	216.5亿	578.1亿

● 总营业收入 ● 同比增长率

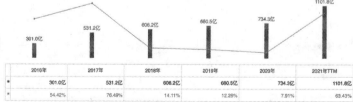

	2016年	2017年	2018年	2019年	2020年	2021年TTM
●	301.0亿	531.2亿	608.2亿	680.5亿	734.3亿	1101.8亿
●	54.42%	76.49%	14.11%	12.26%	7.91%	63.43%

183

高效投资：个人投资者快速学习的投资方法

现金流量

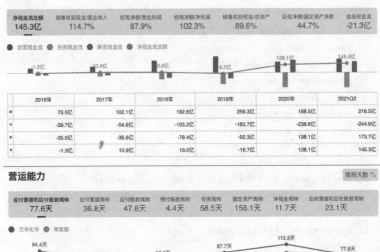

营运能力

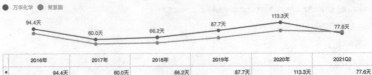

成本分析

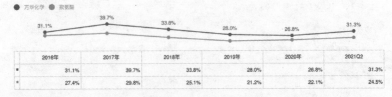

安全分析

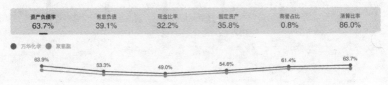

第三节　海 天 味 业

海天味业的上市时间相对比较晚，但是海天味业的历史非常悠久，公司酱油酿造史源远流长，海天古酱园可追溯至清代，至今已有 300 余年历史。1955 年佛山 25 家古酱园公私合营成立海天酱油厂，1995 年完成国企改革并成功改制为有限公司，自此海天进入迅速发展阶段。2013 年海天成为调味品行业第一家销售过百亿元的企业。海天目前生产的调味品涵盖了酱油、调味酱、蚝油、鸡精鸡粉、味精、调味汁等多个系列，其中酱油、调味酱、蚝油是目前公司最主要的产品。在中国品牌力指数（C-BPI）榜单中，海天酱油连续九年排行业第一，被列入 2019 年 C-BPI 黄金品牌榜。在凯度消费者指数发布的《2019 亚洲品牌足迹报告》中，海天味业荣登中国快速消费品品牌第四位。

一、海天味业的投资逻辑

酱油这个品类是咱们中国人家家户户都需要的，即便不做饭，叫外卖或者去餐厅用餐都是间接购买者，属于消费中的必需品。我投资海天投的是调味品这个刚需赛道。为什么选择海天而不是其他调味品企业，有四点原因。

（1）海天的大单品味极鲜酱油在 2015 年销售收入突破十亿元，属于目前调味品市场上的第一名，消费品行业投资的基石就是市场占有率。

（2）海天味业的销售渠道网络是调味品行业第一，覆盖最广。它拥有6739个经销商，50多万个直控终端，销售网络基本完成对地级市以上城市的布局，覆盖90%的县级市场，并通过深度分销体系下沉至乡镇村。

（3）高管为实际控制人，股权激励提升海天运营效率。

（4）市占率领先行业第二名一倍以上。

海天上市之初我并没有开始建仓，当时大部分资金在建仓茅台，我是在2016年下半年才开始陆续建仓海天味业的，并且持有到了现在。下面我还是要跟大家分析一下海天味业这家企业从上市前到上市后这些年的发展变化，从我的角度梳理一下海天味业的成长史。

二、海天味业的成长历程

（1）1997—2005年海天味业全力主攻餐饮渠道，把海天的产品带到全国，成就了海天味业的全国化之路。1996年海天先在武汉市场的餐饮渠道站稳脚跟，1997年海天全力投身全国餐饮渠道，快速打造销售体系，在当地市场服务经销商，同步开始储备营销专员。主攻餐饮渠道，采取双经销制，主要经销商群体是农贸市场餐饮经销商。推广可以形成规模的产品，以形成产品规模优势，打造领先品牌印象。主力产品有老抽王、鲜味生抽、老抽豉油等，战略眼光超前。

（2）打造核心优势大单品，渠道下沉。2005—2012年，海天味业全力打造核心优势大单品，形成规模优势，通过核心大单品战略推动销售网络快速发展和裂变。同时2007年海天进行了二次改革，推行员工持股，成为员工持股的民营企业。销售渠道全面下沉至县城，为全渠道提前布局。

（3）打造产品双驱动：核心大单品加高端产品。2012—2016年，海天强化高端产品发展和核心大单品的销售优势，以及后继产品的发展规划。已发展出生抽、老抽、特色酱油等系列共40多个品种，蚝油、黄豆酱、招牌拌饭酱等产品则进一步扩大了公司产品品类，所有海天调味产品已达100余种，其中金标生抽、草菇老抽、蚝油和黄豆酱等产品已成功销售数十年，体现了公司强大的研发实力和龙头企业的产品力。

（4）树立百年海天品牌，继续深入拓展渠道护城河。海天继续加快销售网络精耕，实现网络与销售额的同步增长，通过网络的发展来带动了更多产品的发展。海天也加快对营销资源的改革，建立起多个营销自主经营机构，通过良性竞争推动市场的发展。2017年海天的三大核心产品，酱油、酱、蚝油均保持了稳定的发展，其中酱油收入的增长率达到16.59%，蚝油达到了21.65%，酱达到了12.45%，各区域市场也保持较均衡发展，华南、华东、中部、北部、西北等区域的收入均保持了两位数以上的增长率。此外，海天也加快互联网线上、封闭终端通道、出口等业务发展，加快构建更多新的销售额贡献源，这些工作也取得积极效果。

三、调味品行业处于上升通道，居民消费需求推动量价齐升

调味品是居民生活的必需品，随着我国居民整体生活水平提高，消费需求促使行业进入上升通道。据国家统计局数据，2018

年我国"调味品和发酵制品"销售收入为3427.2亿元,同比增长10.6%,2012—2018年行业销售收入年复合增长率达到8.5%,预计2023年行业收入有望超过5000亿元,复合增速为8%。据调味品协会公布的百强企业数据,调味品行业2018年总产量为1322.5万吨,同比增长6.0%,销售收入为938.8亿元,同比增长14.4%,总体销售均价为7098元/吨,同比增长8.4%,行业整体呈现量价齐升的趋势。

(1)酱油产品结构升级提升吨价,迎合消费升级大趋势。海天积极推进中高端酱油产品线,满足下游客户对产品品质的需求。其中味极鲜、特级金标等系列产品近年来增长显著,拉动中高端品类占比持续提升,由2014年的10%提高到2019年的40%以上,未来有望达到60%以上水平,迎合了消费升级的大趋势。在其他品类中,海天通过产品品质与市占率的提升拉动蚝油吨价提升,新品类如鸡精类、酱类产品吨价显著高于传统酱油、蚝油品类,均将在未来持续推动整体吨价上行。

(2)蚝油快速发展、占比提升,酱类占比稳定。2020年海天的酱油、蚝油、酱三大核心品类以及全国各主要板块市场均保持了稳定的发展。其中酱油实现营收130.43亿元,增长12.17%,收入与销量保持同步增长;蚝油实现营收41.13亿元,增长17.86%,蚝油继续保持较快增长势头;酱类实现营收25.24亿元,增长10.16%,酱类实现了恢复性增长。受益于蚝油在居民饮食中的加速渗透,海天蚝油销售快速扩张,其营收占比已远超调味酱类,成为公司第二大单品。海天的三大主要品类中,蚝油的毛利率最低,2019年蚝油品类毛利率为38%,但近年来受益于直接提价及规模效应,蚝油品类的毛利率也快速提升。

四、高管为实际控制人,股权激励激发公司活力

海天味业股权结构清晰,高管为实际控制人。截至2020年一季度,海天集团通过直接和间接方式共持有公司58.38%的股份,为公司第一大股东。高管庞康、程雪、陈军阳、黄文彪、吴振兴、叶燕桥等一致行动人为公司实际控制人,通过直接和间接方式共同持有公司55.89%的股份。股权结构清晰,高管持股比例较高,深度绑定高管和公司利益,有利于激发高管核心潜能,提升公司经营效率。

股权激励调动员工积极性,高薪制度激发公司活力。海天积极实施股权激励,建立公司、股东、员工的利益共享机制,调动公司核心骨干员工的积极性。2014年8月,公司实施首期限制性股票激励计划,共授予包括公司核心技术、营销、生产、工程、管理等骨干人员在内的93人658万股限制性股票(占公司总股本的0.44%),授予价格为17.61元/股。截至2018年12月已累计解锁577万股。海天的薪酬制度遵循"高薪、高效、高责"的理念进行设计,鼓励员工通过提高技能和贡献,增加收入,实现企业和员工共赢发展。

五、加强企业文化建设,着力提升企业软实力

为促进公司、团队和个人的业绩进步和提升,海天用多种

方式强化企业文化在员工行为意识中的作用，进一步严格企业风气的推进和传承，进一步提升了员工队伍的凝聚力和战斗力，继续着力提升企业的软实力。公司全体员工践行"海天工匠精神"，通过多年的累积，涌现出了一大批海天工匠，并荣获广东省五一劳动奖章、高明工匠、禅城大工匠等称号；营造公平、公开、公正的企业文化，在员工队伍中加强廉洁自律建设，将廉洁自律在工作中高压化、常态化，为企业的有序发展保驾护航。

六、推行技术创新驱动战略，引领传统行业转型升级

海天积极开展前瞻性的基础研究和科技研发，聚焦打造产品的核心技术，加快科技进步和成果转化的速度。海天味业近五年研究开发工作累计投入资金超25亿元，2020年科研资金为7.12亿元，充裕的研发资金保障了技术创新活动顺利开展，以及科技成果的高效产出。海天在微生物育种与发酵调控、酶工程技术、绿色与智能化制造、食品安全、质量控制等领域启动或完成了数十项的科研项目，使产品风味质量和制造水平得到进一步提升，形成了企业的核心竞争力。为了推进项目技术深度和项目价值产出，海天搭建了研发项目管理平台，以绩效为抓手，充分调动研发人员的积极性，鼓励研发人员多承担或参与项目，实现高质量的研发成果产出。2020年新产品推进速度和技术含量进一步提升，为市场的发展提供了支撑。例如，2020年清简酱油、裸酱油、火锅底料的上市，就获得了市场好评。海天坚持核心产品品质不断升级，建立了高规格的质量标准和安全标准，推动了行业

质量标准的整体发展。

七、海天牢牢掌控渠道优势，覆盖率高，竞争力强

（1）密集的销售网络。目前，海天的网络已100%覆盖了中国地级及以上城市，在中国内陆省份中，90%的省份销售过亿元，通过多年的精耕，覆盖率逐年提升，覆盖范围与销售额增长基本同步。2020年海天通过进一步落实了渠道管理的多项措施，稳定了经销商的经营，完善了经销商的产品结构，使整个销售渠道的发展更加健康，渠道的健康发展也为未来的市场拓展和品类的发展奠定了坚实的基础。与此同时，海天线上业务也得到快速发展，从而使电商平台和传统渠道有效结合，巩固了海天在渠道和终端上的竞争优势。在全国设有六大营销中心、130多个销售部、360多个销售组或销售办事处。渠道细化是海天一直坚持的战略，海天通过调结构、密集覆盖点等方式深度开发抢占地级市场的成熟区域的市场份额，非成熟地区县乡镇市场采取"由大至小，逐级下沉"策略，通过分销体系从县级市场下沉至乡、镇、村，以提高海天全系列商品渗透率。销售网渠道是海天的核心竞争力之一，有助于节省消费者的搜索成本、获取新顾客。根据凯度消费者指数发布的《2020亚洲品牌足迹报告》，海天味业凭借5.7亿的消费者触及数、75.7%的渗透率，位列中国快消品品牌第四位，并且是榜单前十中唯一的调味品企业，消费者触及数增长高达8.1%，持续领跑中国调味品快消市场。

（2）实施全国化产能资源配置，做好企业持续发展的战略

布局。随着市场规模进一步扩大，海天整体产能利用率达95%左右，高明基地继续增资扩产，年产能将增加45万吨，宿迁基地二期项目开工建设，年产能将增加20万吨，产能配套适度先行，为市场的稳定发展提供了保障。同时，按照海天的发展规划，逐步开始规划多地的产能布局，在保障公司"三五"生产销售发展的同时，为未来长期发展奠定基础。海天在全国主要物流枢纽城市建立仓储基地，实现产品由生产基地通过干线运输到仓储基地，形成集生产、仓储、配送于一体的物流体系，快速响应市场需求，此项措施在应对新冠肺炎疫情中显现出了尤为重要的作用，优化了整体供应链的效率。

（3）持续领先的产品技术。海天味业的酱油、酱类等多个品类的产品都是通过传统的天然发酵技术酿造生产的，海天所掌握的核心酿造技术成了公司的另一个核心竞争优势，为了保持产品独有的风味，海天始终坚持传统的生产工艺，坚持天然阳光晒制，将传统工艺技术与现代科技相结合，确保春夏秋冬每个批次的产品风味一致，用科技来保障产品的食品安全、口感美味、质量稳定。因此，在海天产品体系中即不乏金标生抽、草菇老抽这样畅销60多年的产品，经久不衰，依然保持着增长活力。也不乏味极鲜、黄豆酱等后起之秀，来满足消费者对新口味的追求，保持了发展的后劲。通过多年的深耕和研发，海天蚝油以其独特的技术优势和风味，深受消费者的喜爱，逐步成了消费者厨房中的必备调味品，使蚝油品类保持了稳定的增长态势。

八、海天味业潜在风险提示

（1）原材料价格波动的风险。农产品价格主要受当年的种植面积、气候条件、市场供求等因素的影响。公司原材料中，大豆和白砂糖占比较大。公司向供应商采购原材料，而价格受大豆和白砂糖等大宗商品市场价格波动的影响。

（2）行业景气度下降的风险。受高端餐饮下滑等因素的影响，大众消费品的增速可能面临下行的风险。如果餐饮业的复苏速度低于预期，或者受到其他行业性事件影响而增速下降，那么调味品行业及主要企业的增速将可能受到影响。

（3）行业竞争加剧的风险：调味品行业景气度较高，未来空间仍大，若现有企业通过兼并收购酱油区域品品牌，利用其渠道网络、品牌的平台优势切入调味品行业，或将加剧行业竞争，影响公司市场拓展计划。

（4）食品安全事件的风险。消费者对食品安全问题尤为敏感，调味品行业中小企业众多，生产和管理相对粗放，具有一定的食品安全风险。海天味业对食品安全高度重视，在历次国家级市场抽检中，其产品质量均符合要求，预计公司自身产品出现安全问题的概率较小。但未来若出现行业性的食品安全事件，使消费者信任度降低，或将对行业增速及公司营收造成负面影响。

海天味业定量分析（2021年9月2日收盘数据）如下。

高效投资：个人投资者快速学习的投资方法

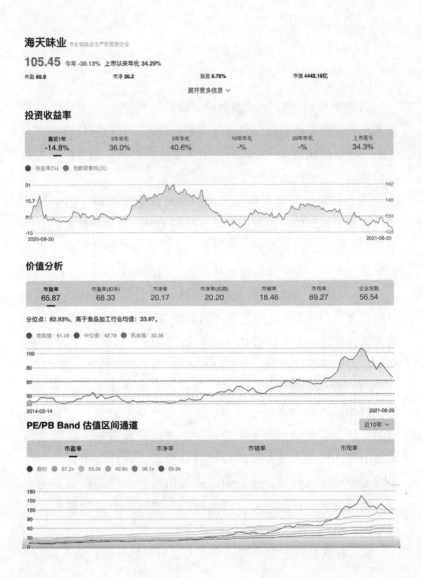

第六章 投资企业分析

投资简析

正面因素:
- 龙头 公司是 食品 行业的龙头。
- 收现 近5年,收现比为 118.8%,销售收入现金含量很高。
- 净现 近5年,净现比为 122.0%,净利润现金含量较高。
- ROE 近5年,净资产收益率平均为 34.1%,获取收益能力很强。
- ROIC 近5年,投入资本回报率平均为 32.9%,创造价值能力很强。
- 北向 北向资金持股占流通股比例为 6.4%,较受外资关注。

负面因素:
- 估值 最近综合估值高于上市以来 86% 的时间,处于历史高位。
- 趋势 最近6个月,股价表现差于 93.6% 的股票,走势较弱。
- 户数 股东户数近3个月增加 80.5%,或有主力资金抛售。
- 高管 最近3个月有高管减持,减持金额累计 0.44亿元。

盈利能力

| 杜邦分析 | ROE
33.4% | 净利润率
28.1% | 总资产周转率
88.5% | 杠杆倍数
1.3倍 | 总资产收益率ROA
24.8% | 投资资本回报率ROIC
31.5% |

● 海天味业　● 调味发酵品

	ROE(TTM)		净利润率		总资产周转率		杠杆倍数
●	33.41%	≈	28.05%	x	0.88	x	1.32
●	23.37%	≈	21.75%	x	0.81	x	1.31

成长能力

年度 ↻

| 总营业收入
240.7亿 | 营业利润
80.4亿 | 归母净利
67.4亿 | 扣非净利
65.0亿 | 经营现金流
64.1亿 | 净资产
220.2亿 |

● 总营业收入　● 同比增长率

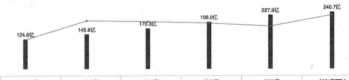

	2016年	2017年	2018年	2019年	2020年	2021年TTM
●	124.6亿	145.8亿	170.3亿	198.0亿	227.9亿	240.7亿
●	10.31%	17.06%	16.80%	16.22%	15.13%	19.19%

高效投资：个人投资者快速学习的投资方法

现金流量

净现金流总额	销售收到现金/营业收入	经现净额/营业利润	经现净额/净利润	销售收到现金/总资产	经现净额/固定资产净额	自由现金流
13.9亿	114.1%	79.8%	95.0%	101.0%	172.4%	53.6亿

● 经营现金流　● 投资现金流　● 筹资现金流　● 净现金总额

	2016年	2017年	2018年	2019年	2020年	2021Q1
	40.7亿	47.2亿	60.0亿	65.7亿	69.5亿	64.1亿
	-17.6亿	-24.6亿	1.7亿	0.9亿	-19.2亿	-21.0亿
	-16.4亿	-18.6亿	-23.1亿	-26.5亿	-29.5亿	-29.2亿
	6.8亿	4.0亿	38.5亿	40.1亿	20.8亿	13.9亿

营运能力

周转天数

应付票据和应付账款周转	应付票据周转	应付账款周转	预付账款周转	存货周转	固定资产周转	净现金周转	应收票据和应收账款周转
34.3天	11.8天	23.1天	0.8天	41.0天	55.6天	-29.3天	0.5天

● 海天味业　● 调味发酵品

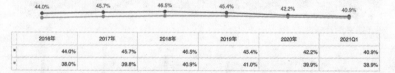

	2016年	2017年	2018年	2019年	2020年	2021Q1
	30.2天	25.4天	25.2天	32.3天	36.2天	34.3天
	51.2天	43.6天	37.9天	41.1天	46.2天	43.7天

成本分析

毛利率	三项费用率	销售费用率	管理费用率	研发费用率	财务费用率	有效税率
40.9%	7.9%	4.8%	1.6%	3.2%	-1.7%	16.2%

● 海天味业　● 调味发酵品

	2016年	2017年	2018年	2019年	2020年	2021Q1
	44.0%	45.7%	46.5%	45.4%	42.2%	40.9%
	38.0%	39.8%	40.9%	41.0%	39.9%	38.9%

安全分析

资产负债率	有息负债	现金比率	固定资产	商誉占比	清算比率
24.1%	0.5%	253.0%	13.0%	0.1%	98.1%

● 海天味业　● 调味发酵品

第四节　海 康 威 视

海康威视聚焦于智能物联网、大数据服务和智慧业务，提供软硬融合、云边融合的智能物联网产品及服务，提供物信融合、数智融合的大数据平台产品及服务，拓展智能家居、移动机器人与机器视觉、汽车电子、智慧存储、红外热成像、智慧消防、智慧安检、智慧医疗等创新业务。随着感知平台、数据平台和应用平台的积累与沉淀，研发更多的感知手段、获取更多的感知数据和发展更多的感知应用自然而然发生，毫米波、远红外、X光、声波等感知技术的加入，将助力海康威视开拓更多业务领域，构建开放合作生态，服务于公共服务领域用户、企事业用户和中小企业用户，致力于智慧城市和数字化企业等智慧业务的建设与服务。如果大家还不太熟悉这家企业，可以认真看一下我对海康威视的拆解。

一、海康威视的竞争优势

（1）全球视频监控领域市占率稳居第一。海康威视成立于2001年，业务由专注于安防产品逐步拓展到综合安防、大数据服务和智慧业务。根据Omdia报告，2018海康威视全球市占率高达24.9%，2011—2018年连续八年占据视频监控设备行业市占率第一名。根据2019年A&S全球安防50强数据，海康以77亿美元的收入位列榜首，市占率约30.2%，海康威视在综合安防领域连续八年蝉联全球视频监控行业第一，A&S全球安防榜单中连续四年蝉联第一。第二名是大华股份（市占率为14.9%）。视频监控领域行业集中度持续提升，2019年海康威视和大华股份两家企业市占率已经达到了48%，中小企业将进一步被淘汰，未来行业集中度会进一步提升。

（2）海康威视如何发展成全球视频监控行业的第一名。

1）海康威视起家于模拟技术时代，公司于2001年成立，产品主要是在后端，模拟时代起家发展成为DVR行业第一名。海康威视初始阶段定位为单一产品生产商，以编解码技术为根源，技术路径抓住模拟时代的核心发展期，产品布局是从板卡到录像机。2001年创业时以生产板卡为主，2002年开始推出DVR产品，2007年DVR销量为23万台，板卡销量为190万路，当年DVR及板卡在国内市占率高达42%。

2）技术升级，海康威视迈向数字技术时代，走向全球市场榜首。这一阶段海康威视拓展全系列产品，定位视频监控全系列产品供应商，技术路径上数字化，产品布局为后端到前端及中心控制产品。2007年公司开始小批量生产监控摄像机、监控球机等前端产品，2008年开始大批量生产现货。海康威视于2009年推出解决方案模式，涵盖七大行业40余个子行业，拓宽公司经营范围。软硬件、平台、数据算法等新增附加值引领公司业绩高增。2012年前端占收入比重为43.8%，首次超过后端。这期间，随着安防行业数字化和网络化升级，2007—2012年IPC、DVS市场规模复合增速为22.7%和43.2%。海康威视2010年上市募投项目之一即投资数字监控摄像机。2011年，海康威视成为IHS披露的全球视频监控市占率第一名。

3）升级商业模式，定位一体化解决方案供应商，开创解决方案创新模式。海康威视从 2013 年开始深化行业解决方案，覆盖公安、交通、司法、金融、楼宇、文教卫、能源七大行业和 40 多个细分子行业，根据不同行业提供针对性的视频物联解决方案。

4）开拓数据分析和人工智能市场。在传统安防行业发展逐渐成熟、人工智能等新一代信息技术快速发展的背景下，视频监控与视频分析、深度学习、云计算等领域进行产业融合。海康威视定位智能视频服务，技术上智能化，升级全线产品。2015 年，发布了"猎鹰""刀锋"结构化服务器人工智能产品系列，2016 年和 2017 年持续有新品发布，2017 年发布 AI Cloud，2018 年推出物信融合。海康威视依托于音视频技术、云计算、大数据、人工智能等技术，推动安防 AI 升级，落地数据分析。

二、海康威视上市以来二级市场的成绩单

2010—2019 年营收增长 15 倍，净利润增长 11 倍。公司营收从 2010 年的 36.05 亿元增长至 2019 年的 576.58 亿元，10 年年复合增长率为 36.1%，增长 15 倍；归母净利润从 10.52 亿元增长至 124.15 亿元，10 年年复合增长率为 31.6%，增长 11 倍。因中美贸易摩擦频繁、新冠肺炎疫情等诸多因素造成公司营收增速自 2018 年以来有所放缓，2020 一季度同比下滑 5.2%，随着经济逐步恢复，二季度增长 6.2%，三季度增长 11.5%。公司在 2020 年前三季度实现营收 420.21 亿元，同比增长 5.5%，实现归母净利润 84.39 亿元，同比增长 5.1%，体现海康威视较强经营韧性。

三、 海康威视的核心竞争力：以科技为创新力提升企业的盈利能力

（1）持续大力度的研发投入，以技术创新驱动公司发展。海康威视从事的智能物联网行业具有需求碎片化、产品场景化的特点，是否可以建立与行业需求适配的产品和技术体系是业务拓展的关键。海康威视始终以行业需求为出发点，带动产品与解决方案的升级迭代，保持大力度的研发投入，构筑公司深厚的技术能力。从 2016 年起构建统一软件技术架构，在规范的方式下保障软件开发的一致性，发掘软件资源的复用价值，针对碎片化场景的智能化算法训练需求，推出 AI 开放平台，以技术工具的可复用性降低业务开拓的边际成本。海康威视近五年研发总投入超过 200 亿元，2020 年研发投入占销售额比重超过 10%，研发技术人员超过 2 万人，占公司总人数近 50%。

（2）持续优化国内外销服体系，与合作伙伴共创价值。海康威视在国内建立了 32 个省级业务中心，将业务决策与软件定制开发能力前移，300 多家城市分公司覆盖国内大部分地市，保障业务有效开展。海康威视在海外设立 19 个大区功能中心，下设 66 个分支机构，以国家为单位构筑营销、服务与研发能力，为 155 个国家与地区提供服务。海康威视的多层次渠道伙伴广泛覆盖各类型市场，与全球范围内 6000 多家经销商、1 万家集成商、30 万家工程商、40 万家安装商、1000 余家服务商密切合作，携手为终端用户提供产品与服务。公司与 30 多所大学和科研院所开展合作，和 100 多个用户单位建立联合创新实验室，向

合作伙伴充分开放，成就彼此，共同打造产业创新联合体。

（3）夯实多维感知技术基础，拓展业务领域。2020年，海康威视继续推进在可见光、远红外、毫米波、X光、声波等领域的技术积累，加速多探测器技术的融合应用。2020年初成立了以X光探测业务为核心的海康睿影。基于业务发展和市场整合的考虑，对海康微影的业务做了调整。疫情期间，海康威视依托微影自研热成像芯片的优势，快速推出人体测温产品；海康睿影通过热成像与X光的融合应用，快速推出测温型人体安检机，为防疫抗疫增加科技助力。

（4）持续推进国内外销服体系建设，推进数字化营销。2020年，海康威视继续推进销服体系建设。当前，海康威视已在国内构建32家省级营销中心，下设300多家城市分公司和办事处，在海外设立了66个分支机构，向全球155个国家和地区提供产品和服务，营销与服务网络覆盖市场各个角落。受疫情影响，公司加快数字化营销节奏，升级全数字化销售管理流程，健全产品与服务全流程管控体系，提升研发、制造、销售、服务的综合管理能力。

（5）海康威视目前拥有五大生产基地，积极布局"智能工厂"。公司现已拥有杭州、桐庐、重庆三大制造基地，并在海外建立印度、巴西本地工厂，目前正持续推进桐庐、武汉、重庆的扩产计划。其中，重庆科技园二期已建成四个数字化车间，拥有100余条SMT生产线、40余条全自动化组装线，与建设前相比较，其运营成本降低15%、生产效率提高10%、产品研发周期缩短10%、产品不良品率降低10%、能源利用率提高8%。预计武汉与重庆的智能生产基地建设完成后，能够进一步提升公司生产能力。

四、核心技术团队稳定，股权激励覆盖面广

2001年，由胡扬忠带领的中电五十二所开发二部28位同事创业成立海康威视，海康主要是由工程师主导，管理层常年保持稳定。股权激励调动核心员工积极性。海康在2012年制定了10年期、每两年一次的股权激励计划，截至2020年底，已进行四次授予。企业的高成长性保证了股权激励的实施和兑现，调动了员工积极性，保证了团队的稳定发展。持续高比例分红，给予股东丰厚回报。自2010年上市以来，公司始终维持较高比例分红，给予股东丰厚回报。海康分红比例呈现逐年稳步上升的趋势，2019年分红比例高达52.7%，使看好公司的投资者能够享受到公司高速发展带来的红利。

五、海康威视的未来

AI带来应用升级、产品附加值增加的新风口。超高清、热成像、低照度、全景监控、红外探测等传统视频监控技术，与人工智能、机器视觉、AR/VR、生物识别、大数据、云计算、物联网等新技术融合，形成AI生态与平台架构深度结合的新型业务形态，扩展出更多应用场景，打开行业广阔增量市场。智能化视频监控设备价格提升，根据艾瑞咨询数据，2018年AI视频监控（前端智能、后端智能等）平均价格约为2万元，是传统监控（模拟、高清摄像机等）价格的四倍。除此之外，智能物联深度参与到客户的业务框架中，数据分析解析、软件系统开发、

PaaS/SaaS 模式服务等多维度提升产品附加值。下游市场空间广阔，智能物联行业量价齐升。

人工智能拓展视频物联行业边界，AI、ICT、互联网巨头成为新竞争者。作为 AI 最大应用领域，视频物联边界被不断拓展。一方面，传统安防厂商开始涉足 AI 芯片、云平台、算法等业务；另一方面，把控基础芯片层的科技巨头、领跑算法的初创企业、拥有云平台和线上销售渠道优势的互联网巨头与 ICT 公司纷纷通过并购、合作和自主研发等多渠道向视频物联设备和解决方案提供商转变。

智能视频物联行业定制化、碎片化特征明显，海康威视盈利水平远超新入局者。视频物联行业定制化和碎片化属性在 AI 落地之后进一步增强，AI 及算法公司很难通过标准化产品和解决方案对行业进行颠覆。海康威视在品牌、渠道、硬件集成等方面远超竞争对手，人工智能核心竞争力也正稳步提升。

六、海康威视潜在风险提示

（1）下游需求发展不及预期风险。安防市场面临宏观经济下行、需求不确定的风险。

（2）中美贸易摩擦加剧风险。供应链体系、市场布局全球化趋势受贸易关系影响。

（3）安防 AI 推进不及预期风险。AI 升级趋势，受到成本、研发技术壁垒等制约，公司有研发不及预期的风险。

（4）创新业务孵化不及预期风险。公司创新业务多数处于探索期，业务体量相对较小，未来存在推进速度不及预期的风险。

海康威视定量分析（2021年9月2日收盘数据）如下。

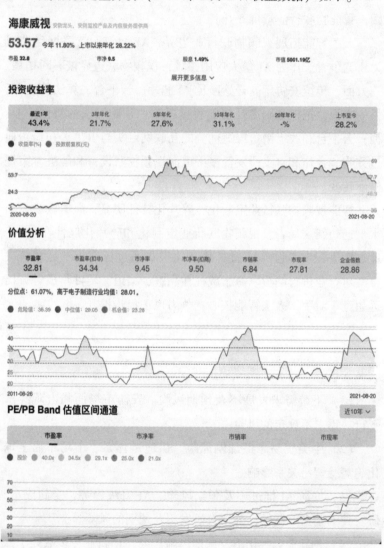

第六章 投资企业分析

投资简析

正面因素:
- 龙头　公司是 电子设备及服务 行业的龙头。
- ROE　近5年,净资产收益率平均为 32.8%,获取收益能力很强。
- ROIC　近5年,投入资本回报率平均为 26.8%,创造价值能力很强。
- 分红　近3年,股息率平均为 1.7%,现金分红较高。
- 强势　最近1年,股价表现强于 86.1% 的股票,走势较强。
- 公募　公募基金持股占流通股比例为 15.6%,很受内资关注。
- 评级　近90日,17家机构给出评级,机构关注度很高,76.5% 为买入,距目标价(84.82)还有 37.7% 的上涨空间。

负面因素:
- 估值　最近综合估值高于近十年 87% 的时间,处于历史高位。

盈利能力

| 杜邦分析 | ROE 32.3% | 净利润率 21.7% | 总资产周转率 92.0% | 杠杆倍数 1.6倍 | 总资产收益率ROA 20.0% | 投资资本回报率ROIC 28.1% |

● 海康威视　● 电子系统组装

	ROE(TTM)		净利润率		总资产周转率		杠杆倍数
	32.30%	≈	21.69%	×	0.92	×	1.61
	20.56%	≈	6.51%	×	1.62	×	1.94

成长能力

年度

总营业收入	营业利润	归母净利	扣非净利	经营现金流	净资产
731.3亿	168.6亿	152.4亿	145.6亿	179.8亿	529.1亿

● 总营业收入　▲ 同比增长率

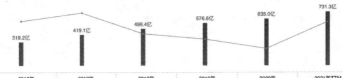

	2016年	2017年	2018年	2019年	2020年	2021年TTM
	319.2亿	419.1亿	498.4亿	576.8亿	635.0亿	731.3亿
	26.32%	31.27%	18.93%	15.69%	10.14%	26.08%

高效投资：个人投资者快速学习的投资方法

现金流量

净现金流总额	销售收到现金/营业收入	经现净额/营业利润	经现净额/净利润	销售收到现金/总资产	经现净额/固定资产净额	自由现金流
65.7亿	106.1%	106.6%	113.3%	97.5%	293.2%	160.9亿

● 经营现金流　● 投资现金流　● 筹资现金流　★ 净现金流总额

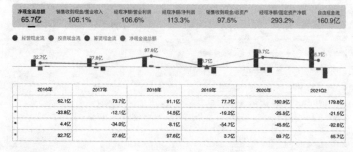

	2016年	2017年	2018年	2019年	2020年	2021Q2
	62.1亿	73.7亿	91.1亿	77.7亿	160.9亿	179.8亿
	-33.8亿	-12.1亿	14.5亿	-19.2亿	-25.5亿	-21.5亿
	4.4亿	-34.0亿	-8.1亿	-54.7亿	-45.6亿	-92.6亿
	32.7亿	27.6亿	97.6亿	3.7亿	89.7亿	65.7亿

营运能力

周转天数

应付票据和应付账款周转	应付票据周转	应付账款周转	预付账款周转	存货周转	固定资产周转	净现金周转	应收票据和应收账款周转
91.0天	10.9天	88.9天	3.6天	118.5天	30.2天	145.1天	116.1天

● 海康威视　● 电子系统组装

	2016年	2017年	2018年	2019年	2020年	2021Q2
	127.9天	137.4天	137.9天	121.2天	150.5天	91.0天
	65.2天	74.5天	78.2天	78.8天	75.2天	84.3天

成本分析

毛利率	三项费用率	销售费用率	管理费用率	研发费用率	财务费用率	有效税率
45.4%	24.1%	11.1%	2.5%	9.8%	0.7%	6.3%

● 海康威视　● 电子系统组装

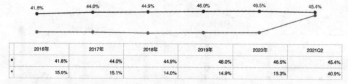

	2016年	2017年	2018年	2019年	2020年	2021Q2
	41.6%	44.0%	44.9%	46.0%	46.5%	45.4%
	15.0%	15.1%	14.0%	14.9%	15.3%	40.9%

安全分析

资产负债率	有息负债	现金比率	固定资产	商誉占比	清算比率
38.0%	9.8%	92.2%	7.2%	0.3%	97.2%

● 海康威视　● 电子系统组装

第五节 伊利股份

我是在 2016 年才开始建仓伊利的。2008 年发生的三聚氰胺事件,对整个乳制品行业都是致命的打击,也就是在 2008 年之后,我国乳制品行业开始大整改,行业中淘汰了大量企业。在对伊利的分析中我不再占用篇幅分析 2008 年三聚氰胺事件对于行业的重大利空,我会重点拆解伊利的发展历程和未来(2021—2030 年)增长空间。伊利股份主要从事各类乳制品及健康饮品的加工、制造与销售活动,历经 28 年发展,业务范围已由液态奶向乳饮料、奶粉、酸奶、冷冻饮品、奶酪、乳脂、包装饮用水等系列产品延伸,形成以液态奶为核心、其他品类为支持的多元产品矩阵。伊利已连续五年位列中国市场消费者选择最多的品牌榜首,在"最具价值中国品牌 100 强"榜单中连续七年位列食品和乳品排行榜第一名。

一、伊利的企业发展之路成就乳制品王者

(1)走向品牌化运营模式(1993—1997 年)。伊利股份于 1993 年成立,1996 年伊利股份登陆上交所,成为中国乳制品行业首家上市企业。同年伊利股份实现营收 3.55 亿元,同比增长 69.76%。

(2)产品多元化,快速推向全国市场(1997—2007 年)。1997 年伊利引进瑞典利乐液态奶生产线,将液态奶的保质期延长,扩大了液态奶的销售范围,真正通过科技让刻有伊利品牌的

牛奶走向全国各地,让伊利这个品牌被下游用户所熟知。第二年,伊利推出了经典产品"伊利优酸乳",开创了中国乳饮料市场,打造了一个全新的饮料品类。1999—2003年伊利营业收入由11.51亿元增至63亿元,年复合增速达52.95%。

伊利打造产品矩阵,以大单品常温液态奶为核心,开拓酸奶、奶粉、冷饮等细分品类,完成多元化产品矩阵。

伊利于2000年成立奶粉事业部,2003年成立冷饮事业部,推出了经典冷饮产品"巧乐滋系列",2005年成立酸奶事业部。据欧睿数据,常温酸奶安慕希于2013年推出,2014—2019年零售端销售额由9.52亿元增至273.21亿元,年复合增速达95.67%。

伊利迎合消费升级趋势,持续推出高端化产品。2007年以来,伊利逐步加强对高端产品的投入与推广,并对各业务板块已有产品进行升级,先后推出适合中国宝宝体质的"金领冠系列"婴幼儿奶粉产品、中国第一款有机奶"伊利金典有机奶",以及解决乳糖不耐受问题的"营养舒化奶",市场反响良好。伴随产品多元化矩阵成形,产品结构向高端化转型,公司营收规模迅速扩大,由1997年的8.54亿元增至2007年的193.60亿元,年复合增速达36.64%。

(3)深耕渠道,覆盖全国市场(2007—2012年)。此阶段伊利全力布局销售渠道,通过万村千乡活动率先布局乡镇网点,完成渠道下沉布局,伊利成为我国乳制品行业第一家渠道网络全覆盖的企业。同时期,伊利加强品牌建设,2009年牵手上海世博会,成为国内唯一一家符合世博标准,为上海世博会提供乳制品的企业;2010年伊利加快品牌升级,提出新愿景,向"成为世界一流的健康食品集团"迈进;2012年,伊利成为伦敦奥运会中国体育代表团营养乳制品提供商，品牌影响力得到进一步增强。伊利营业收入由 2008 年的 216.59 亿元增长至 2012 年的 419.91 亿元，2008—2012 年年复合增速达 18%。

（4）加速上下游产业链整合，开启国际化扩张（2013 年至今）。2013 年伊利与美国最大乳制品公司 DFA 和意大利最大乳品生产商斯嘉达就奶源、生产及技术等方面建立战略合作关系；2014 年公司国内奶源基地建设初具规模；2015 年依托海外生产基地逐步搭建起面向全球的物资采购管理平台；2018 年伊利收购泰国本土最大的冰淇淋商 Chomthana，业务向东南亚市场扩张；2019 年收购新西兰第二大乳业合作社 Westland、建设印尼生产基地；2020 年印尼生产基地主体建设完成，泰国市场销售增长 68%，加速布局海外市场。2013—2020 年，伊利股份总营收由 477.79 亿元增至 965.24 亿元，年复合增速为 10.63%，行业龙头地位持续夯实。

二、业绩稳健增长，盈利能力位列乳制品行业榜首

（1）伊利股份近五年业绩增长稳健。2020 年，公司实现营业收入 965.24 亿元，同比增长 7.24%；实现归母净利润 70.78 亿元，同比增长 2.08%；2021 年一季度实现营业收入 272.59 亿元，同比增长 32.68%，归母净利润 28.31 亿元，同比增长 147.69%；2015—2020 年营收和归母净利润年复合增长率分别达 10.03% 和 8.85%。

（2）伊利把握疫情期间消费者健康意识提升契机，各板块逆势增长。公司核心业务液体乳板块在 2020 年实现营收 761.23

亿元（同比增长3.20%），营收占比为79.84%；奶粉业务板块在2020年实现营收128.85亿元（同比增长28.15%），营收占比为13.51%，主要是Westland并表贡献；冷饮板块2020年实现营收61.58亿元（同比增长9.36%），营收占比为6.46%。

（3）伊利销售费用率实现规模经济，低于行业平均水平；重视研发，研发费用率高于行业平均水平。2020年伊利股份销售费用率为22.31%（同比下降1.10%），较同行均值低约3.24%；管理费用率为5.05%（同比增长0.29%），较同行均值低约0.37%；财务费用率为0.19%（同比增长0.19%），较同行均值低约0.31%。伊利持续加大研发投入，不断推出新品，2020年伊利研发费用率为0.50%（同比下降0.05%），较同行均值高约0.22%。

（4）伊利ROE水平位于行业上游。2020年ROE为23.30%，同比下降3.23%，较同行样本均值高约7.29%；销售毛利率为35.97%，同比下降1.38%，较同行样本均值低约7.16%；销售净利率为7.35%，同比下降约0.37%，较同行样本均值低约5.27%。

（5）营运能力高于行业平均水平。2020年伊利总资产周转率为1.47次（较上年同期下降0.20次），较同行均值高约0.60次；公司权益乘数为2.33（较上年同期增加0.03），较同行均值高约0.51。

三、乳制品消费升级，量价空间齐升

液体乳板块：常温纯牛奶增速放缓，短保质期巴氏奶和酸奶是未来增长点。

（1）常温灭菌奶是伊利的大单品，也是乳制品行业的主流产品，占到乳制品行业的70%。常温纯牛奶市场已进入成熟期，2019年同比增长5.36%，行业集中度较高，伊利和蒙牛两个品牌的市场占比已达到65%。因为2020年新冠肺炎疫情引起了人们健康意识提升，常温奶持续存在增长空间，根据欧睿数据，2024年常温灭菌奶市场规模预计达1111亿元，2018—2024年年复合增长率为3.09%，长期看，行业整体增速放缓的大趋势不变，高端化是未来增长点。

（2）短保质期奶（巴氏奶）迎来向上增长空间。巴氏奶口感更佳，营养保留度更完整，迎合了消费升级背景，消费者更青睐于乳制品的营养均衡和健康功能，品质和功能升级已成为乳品行业发展的主要趋势，近年来巴氏奶顺应行业趋势快速发展。根据欧睿数据，2019年巴氏奶市场规模为343亿元，同比增长11.6%，预计2024年市场规模达511亿元，2018—2024年预计年复合增长率为8.8%，高于常温奶预计的年复合增长率3.1%。

巴氏奶对于物流配送和储存要求都非常严格，从产出开始，供应链全程需要保持2~6℃的储存温度，一般保质期为5~8天，个别产品通过技术可达到15天，因此对运输存储要求很高。运输距离越长、存储时间越久，成本越高，该特性使得各地区的中小乳企在低温奶板块有一定程度的竞争优势，因此巴氏奶目前行业格局较为分散，区域壁垒强，主要由各地方乳企和奶业龙头共同分享市场，2019年我国低温奶行业前三名品牌（光明、三元、新乳业）市场占有率为27%，在各自优势区域独享市场。

冷链物流基础设施的普及，有利于低温奶配送范围扩大、配送成本降低，根据中国冷链物流行业研究报告统计，2019年我国冷链市场规模为3391亿元，同比增长17.50%，全国冷藏仓库总容量在2015—2019年增长约61.83%，全国各地的冷链物流与电商可以为外地乳企提供渠道运输及销售支持，扩大巴氏奶销售范围。

（3）酸奶板块进入高速增长的快车道。根据欧睿数据，2019年中国酸奶行业零售总额为1469亿元，同比增长9.69%，2014—2019年年复合增长率为16.64%；而2019年液态奶同比增长2.78%，2014—2019年年复合增长率为-0.52%。2024年我国酸奶市场总零售额预计达2142亿元，酸奶有望成为我国乳制品行业发展的重要引擎。同时，我国酸奶行业集中度较高，根据欧睿数据，2019年酸奶细分领域前四大品牌市占率为67.1%，且集中度持续提升。

四、常温酸奶增长放缓，低温酸奶成为伊利营收的新增长板块

伊利和蒙牛在常温酸奶市场持续领先，根据欧睿数据，常温酸奶板块安慕希与纯甄近年来占据酸奶板块市占率前两名，2014—2019年安慕希零售端销售额由9.52亿元增至273.21亿元，年复合增长率达95.69%。2018年以来，常温酸奶市场格局趋于稳定，主要大单品零售额增速逐渐放缓。

低温酸奶迎来放量增长：根据中国产业信息网数据，2014—2019年国内低温酸奶市场规模由202亿元增至422亿元，年复合增长率为15.88%。根据AC尼尔森数据，2020年低温酸奶市场规模约为500亿元。从竞争格局看，低温酸奶市场集中度较高，

2019年各品牌低温酸奶中伊利、蒙牛、君乐宝占比分别为31.1%、23.1%、8.50%,传统乳品龙头规模、品牌、渠道优势明显。

2020年新冠肺炎疫情的突发到来,让消费者增强了健康意识,国家卫生健康委员会办公厅发布的《新型冠状病毒感染的肺炎诊疗方案(试行第五版)》提到"可使用肠道微生态调节剂维持肠道微生态平衡、预防继发细菌感染"的防疫建议,酸奶再次成为消费者眼中提升免疫力、调节肠道微生态平衡的理想选择。

我认为,低温酸奶是伊利未来10年的营收发力板块,随着我国冷链渗透率提升,生鲜电商的加速发展,低温酸奶的上下游产业链已经初具规模,可以满足消费者对低温酸奶的大规模需求,伊利具备研发、品牌、供应链等强大优势,有望持续扩大市场份额、保持行业领先地位。

五、婴幼儿奶粉和奶酪市场下游需求充满想象力

根据欧睿数据,预计2024年婴配粉市场规模为2200亿元,2019—2024年年复合增长率约为4.62%;2019年我国婴配粉全行业品牌前三名市占率约为36.9%,对标美国、韩国品牌前三市占率分别为74.9%和75.5%,行业集中度提升空间仍较大,行业政策也会对国内婴幼儿奶粉企业给予大力支持。

(1)国产品牌具有渠道优势。国外知名品牌主要在一二线城市销售产品,国产品牌深度渗透到低线城市,产品铺货量大。伴随消费升级,低线城市的消费者对国产高端婴幼儿奶粉也更加认可,国产品牌有望凭借低线城市的持续深耕优势进一步提高市

占率。

（2）国产奶企主推高端单品，满足客户的高品质需求。伊利于2019年推出有机产品金领冠塞纳牧，主打超高端市场，顺应行业高端化趋势；飞鹤推出核心大单品星飞帆，星飞帆在2019年的收入规模达70亿元级别；澳优推出超高端羊奶粉品牌海普诺凯荷致，2019年已成为超10亿元级大单品。

六、奶酪市场潜力巨大，进入高速快车道

根据OECD数据，2018年我国人均奶酪消费量仅为0.28千克，远低于欧美（欧盟为19.01千克、美国为16.39千克）和日韩（日本为2.32千克、韩国为2.91千克）。根据欧睿数据，2020—2025年奶酪销售额预计由88.43亿元增长至183.61亿元，年复合增长率为15.73%，未来发展空间巨大。目前，我国居民乳制品消费通常局限在液态奶品类，奶酪消费主要集中在餐饮端，个人家庭消费较少。我国奶酪消费现状可类比20世纪60年代的日本（1966年日本奶酪人均消费量仅0.27千克），对标日韩，我国未来奶酪市场存在5~10倍增长空间。

我国奶酪行业目前市场前四名都被海外品牌占据，根据欧睿数据，2019年行业前五名市场占有率为47.05%，国产品牌妙可蓝多以4.8%市占率位列第五。奶酪行业属于技术和资金密集型行业，生产工艺复杂，产能建设周期长（需至少两年时间），进入门槛较高，形成了行业的天然壁垒。

伊利作为国内乳制品行业龙头，资金充足、研发实力强，拥有全通路的销售渠道，正在积极布局奶酪细分领域，奶酪品

类会是伊利下一个重要业绩增长板块,值得投资者持续追踪和关注。

七、伊利的竞争壁垒(护城河)

(1)管理团队稳定,股权激励绑定核心员工。潘刚是伊利的掌门人,1992年加入伊利股份,于2002年起担任总裁职务,带领伊利股份夺得乳制品行业的头把交椅。公司管理核心团队稳定,多位现任高管服务公司超过10年。股权激励绑定核心团队利益,伊利于2006年、2014年、2016年和2019年先后实施三次股权激励计划与一次员工持股计划。2020年,伊利推出长期服务计划,针对中高层管理人员和业务、技术骨干等核心人员分配股票或现金,该计划将存续20年并每年实施一期。截至2020年底,管理层合计持股8.48%(含报告期离任高管),管理团队利益与公司高度一致,有效激发团队活力。

(2)持续投入品牌建设,让品牌伴随用户共同成长。伊利持续投放品牌广告,通过热门节目曝光,让品牌价值最大化。伊利冠名多家热门综艺,如芒果TV热播的《乘风破浪的姐姐》《妻子的浪漫旅行》,浙江卫视的《奔跑吧》等热播综艺节目,持续为安慕希、金典等高端产品增加曝光,吸引中青年消费群体(未来主流消费群)。根据凯度消费者指数发布的《2020亚洲品牌足迹报告》,公司凭借91.6%的品牌渗透率、近13亿消费者触及数和近8次的年均购买频次,连续五年位列中国市场消费者选择最多的品牌榜榜首。在"最具价值中国品牌100强"榜单中,公司连续七年位列食品和乳品排行榜第一名,并获得Brand

Finance 发布的"全球最具发展潜力的乳品品牌"荣誉，品牌力领跑行业。

（3）整合线上线下销售渠道，打造全渠道通路。伊利于2006年启动全国织网计划，领先同行业完成了"纵贯南北、辐射东西"的战略布局，成为乳制品行业渠道覆盖第一名。伊利重视下沉渠道的建设，销售网络深入乡镇村区域，于2020年渠道覆盖乡镇村网点近109.6万家，持续下沉乡镇村渠道。

伊利销售渠道与时俱进，积极探索新零售模式。伊利积极拥抱新型营销模式，于2017年与阿里巴巴签订战略合作协议，双方在品牌营销、大数据分析、供应链升级等方面深度合作，共建新零售模式，2019年，伊利与苏宁易购达成合作，计划采用联合推出新品、联合IP、共建社群社团、拼团活动、推出联名卡、内容运营等方式做大做强电商业务，伊利依托苏宁的物流与服务体系优势，有望实现大规模引流获客和品牌价值的提升。2020年伊利电商业务同比增长55%，持续快速增长。

（4）加速投资并购，抢夺上游优质奶源。伊利目前已经拥有国内三大黄金奶源基地，分别是：锡林郭勒、呼伦贝尔、天山。伊利于2013年开始启动国际化并购，布局全球优质奶源。伊利位于大洋洲生产基地的一期和二期项目分别于2014年和2017年建成投产，该基地充分利用新西兰优质奶源，集生产科研等功能为一体，可生产奶粉、液态奶、高科技乳制品等产品品类，是当时全球最大的一体化乳业生产基地。截至2019年，大洋洲生产基地所产"Pure-Nutra"（培然）、"金领冠睿护"婴幼儿配方奶粉、"金典"及"柏菲兰"白奶产品已在国内上市。2019年，伊利收购新西兰第二大乳业合作社Westland，其原奶供应量占新西兰原奶供应总量约 4%，为伊利海外优质稳定奶源供应再添保障。同年，Westland 旗下"Westpro"（威士宝）、"Westgold"（牧恩）黄油以及其他乳类产品进入中国市场，逐步实现国内外运营主体在产品、技术、产能、市场等多方面的协同。目前，其印尼生产基地主体建设已完成，建成后公司供应链全球布局优势将被进一步夯实。

八、伊利股份潜在风险提示

（1）成本的风险，原奶涨价和包装材料成本增加。

（2）食品安全事故的风险，新品表现不及预期。

（3）公司渠道下沉及新零售渠道建设不及预期的风险。

（4）宏观经济增速不及预期的风险。

伊利股份定量分析（2021 年 9 月 2 日收盘数据）如下。

高效投资：个人投资者快速学习的投资方法

价值分析

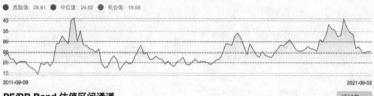

市盈率	市盈率(扣非)	市净率	市净率(扣商)	市销率	市现率	企业倍数
25.28	27.84	6.80	6.88	2.08	17.57	22.49

分位点: 54.24%, 低于食品加工行业均值: 34.82。

● 危险值: 29.91 ● 中位值: 24.62 ● 机会值: 19.98

PE/PB Band 估值区间通道   近10年

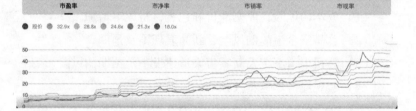

市盈率　　市净率　　市销率　　市现率

● 股价 ● 32.9x ● 28.8x ● 24.8x ● 21.3x ● 18.0x

投资简析

正面因素：

龙头　公司是 食品 行业的龙头。

净现　近5年，净现比为 142.4%，净利润现金含量较高。

ROE　近5年，净资产收益率平均为 25.9%，获取收益能力很强。

ROIC　近5年，投入资本回报率平均为 21.6%，创造价值能力很强。

分红　近3年，股息率平均为 2.4%，现金分红较高。

北向　北向资金持股占流通股比例为 13.7%，很受外资关注。

公募　公募基金持股占流通股比例为 13.2%，很受内资关注。

维持　最1个月有披露 股东增持计划或回购进展(5)。

评级　近90日，25家机构给出评级，机构关注度很高，80.0% 为买入，距目标价(52.92)还有 52.2% 的上涨空间。

负面因素：

回势　最近6个月，股价表现差于 92.6% 的股票，走势较弱。

户数　股东户数近3个月增加 73.1%，或有主力资金抛售。

218

第六章　投资企业分析

盈利能力

杜邦分析	ROE 28.6%	净利润率 8.5%	总资产周转率 134.6%	杠杆倍数 2.5倍	总资产收益率ROA 11.4%	投资资本回报率ROIC 19.4%

● 伊利股份　● 乳品

	ROE(TTM)		净利润率		总资产周转率		杠杆倍数
	28.65%	≈	8.47%	x	1.35	x	2.45
	15.54%	=	5.62%	x	1.16	x	2.36

成长能力

年度

总营业收入	营业利润	归母净利	扣非净利	经营现金流	净资产
1036.0亿	103.8亿	87.7亿	78.8亿	136.3亿	333.9亿

● 总营业收入　■ 同比增长率

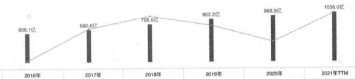

	2016年	2017年	2018年	2019年	2020年	2021TTM
	606.1亿	680.6亿	795.5亿	902.2亿	968.9亿	1036.0亿
	0.41%	12.29%	16.89%	13.41%	7.38%	18.06%

现金流量

净现金流总额	销售收到现金/营业收入	经现净额/营业利润	经现净额/净利润	销售收到现金/总资产	经现净额/固定资产净额	自由现金流
13.3亿	109.5%	131.2%	155.3%	146.8%	61.1%	69.4亿

● 经营现金流　● 投资现金流　● 筹资现金流　■ 净现金流总额

	2016年	2017年	2018年	2019年	2020年	2021Q1
	128.2亿	70.1亿	86.2亿	84.6亿	98.5亿	136.3亿
	-32.4亿	-31.2亿	-53.7亿	-100.0亿	-90.4亿	-94.6亿
	-88.1亿	40.5亿	-107.5亿	-10.2亿	-0.5亿	-28.3亿
	7.6亿	79.4亿	-75.0亿	-25.6亿	7.6亿	13.3亿

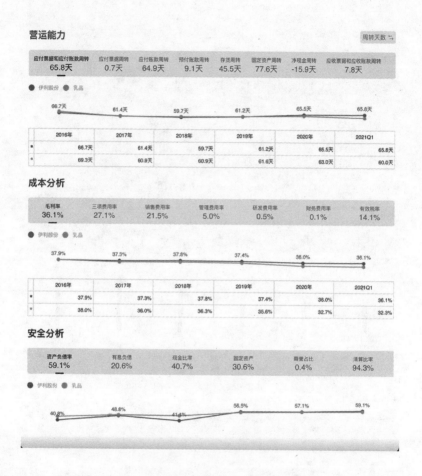

第六节 东方财富

　　东方财富成立于 2005 年,经过多次业务领域扩张,公司已由国内领先的财经资讯网站转型为覆盖财经资讯、金融终端、基金、证券业务一体化的综合性互联网金融服务平台。如果用现在的投资视角来看,券商板块只能投资一家企业,我会首选东方财富。东方财富在我心目中代表着"New Money",因为它聚集了大量的80后、90后、00后,这部分用户群体才是东方财富未来的增长空间,中信证券和中金公司象征着"Old Money",当然券商的商业模式天然具有强周期性,如果你对强周期的行业无法把握,那就远离。我本人对东方财富是按周期持有的,不会长期持有,这跟券商行业的强周期有关。下面我会以时间顺序给大家拆解东方财富这家互联网金融综合平台。

一、东方财富的发展历程

东方财富的商业模式:通过互联网快速积累精准流量,多元化金融业务变现。

东方财富于2005年成立,于2006年上线了"股吧社区",2007年推出了"天天基金网"。东方财富是综合财经信息网站,股吧论坛精准承接股票粉丝,天天基金网给基金粉丝提供专业信息服务,就此东方财富的原始流量积累和运营闭环已经初具规模,为后续提供相关服务转化流量打下了坚实的基础。2010年东方财富在深交所上市。2012年7月"天天基金网"对外开展基金销售业务,公募基金代销助力公司流量第一阶变现。2015年公司收购西藏同信证券,全面切入证券行业,进一步拓宽变现渠道。

此外,公司先后布局第三方支付、小额贷款、企业征信等全方位金融服务,2018年公司获批公募基金牌照,2019年收购众心保险经纪,全面转型互联网金融服务平台综合运营商。

二、通过强大的内容留住用户，打造金融流量生态圈

（1）东方财富主网站定位财经垂直流量入口，提供全方位的财经资讯服务。

1）PC端。2005年东方财富网站上线，东方财富打造了PC端的财经流量入口。自2005年上线以来，东方财富网已发展成为我国用户访问量最大、用户黏性最高的互联网服务平台之一。从用户规模来看，2012—2017年，东方财富网的月度覆盖人数稳居行业前两位，其中2015年3月起资本市场大幅走强，东方财富网月度覆盖人数一度超越1亿人次，5月达到流量峰值1.58亿人次。根据艾瑞咨询PC Web指数最新数据，过去一年中（2019年10月至2020年11月），东方财富网月度覆盖人数稳居第二位，2020年11月，东方财富网月度覆盖人数达6306万人，仅次于新浪财经，持续领先凤凰财经、腾讯财经、和讯、同花顺等财经网站。

2012—2017年，东方财富网的月均总访问时长高达3752万小时，显著高于第二名新浪财经的2418万小时；月均页面浏览量高达16.74亿次，遥遥领先于其他主流财经网站，用户黏性较强，助力公司持续夯实流量优势。

2）移动端。东方财富移动端用户黏性稳居首位，用户规模仅次于同花顺。东方财富2012年起开始布局移动端，相较于同花顺（2008年）、大智慧（2010年）起步较晚，目前App端用户规模处于行业第二梯队。截至2020年11月，东方财富移动端的月活数为1445万，约为同花顺的44%（2019年末为35%，差

距正逐步缩小），同花顺之所以大幅领先行业主要源于其拥有先发优势、精耕 C 端产品，且支持 70 余家券商账户在线交易。但在券商 App 中东方财富稳居首位，相较于涨乐财富通、国泰君安君弘、平安证券等优势显著。

从用户黏性来看，东方财富 App 凭借其较强的财经资讯优势加社交属性，人均单日使用时长基本维持行业第一。根据易观千帆数据统计，东方财富 App 人均单日访问时长由 2017 年的约 30 分钟显著提升至当前的近 70 分钟，东方财富不断加强产品创新研发，持续提升用户体验和市场占有率。从用户画像来看，东方财富 App 聚焦中青年用户，35 岁以下用户占比维持在 65% 左右。截至 2020 年 5 月，东方财富 App 用户 24 岁以下占比为 9.9%，24～30 岁占比为 24.8%，31～35 岁占比为 28.8%，35 岁及以下用户合计占比为 63.5%。

（2）天天基金提供一站式基金理财服务，承接基金粉丝。天天基金网作为东方财富网的频道于 2007 年 3 月正式上线，内容覆盖基金数据、投资工具、咨询互动和基金交易等方面，并为网站用户提供便利的资讯信息查询和检索功能。

根据公司公告，2020 年天天基金网日均访问用户数交易日和非交易日分别为 295.81 万和 117.99 万人，较 2019 年的流量情况均有显著提升。

2020 年，天天基金推进业务创新和差异化发展，深入开展专业化、个性化服务，加强产品交易功能，提升一站式线上自助理财服务能力，用户体验得到了进一步提升。根据艾瑞数据，2020 年 2 月至 2021 年 4 月，天天基金网的月度覆盖人数始终维持在 590 万人以上。

从移动端来看,天天基金用户规模和黏性均处于行业第一梯队,且呈现稳步增长的态势。根据易观千帆数据统计,天天基金App月活数由2019年5月的288万人稳步提升至2020年11月的472万人,高于同期蚂蚁财富(263万人)、陆金所(218万人)等互联网系基金代销机构。从用户黏性来看,天天基金App日均使用时长由6.6万小时稳步提升至15万小时以上,虽低于蚂蚁财富App的30万小时(主要因蚂蚁财富和支付宝账号互通,还提供余额宝等日常结算服务),但显著高于同花顺爱基金、好买基金、盈米基金等第三方基金销售平台。从用户画像来看,天天基金聚焦风险偏好相对较高的中青年用户,35岁以下用户占比始终维持在72%~78%左右。截至2020年5月,天天基金App的用户24岁以下占比为6.8%,24~30岁占比为42.1%,31~35岁占比为26.7%,35岁及以下用户合计占比为75.6%。

(3)股吧论坛:精准覆盖股民,以社交属性提升用户黏性和忠诚度。股吧论坛在2006年1月上线,是我国最早推出的互联网财经互动社区之一,为投资者提供交流互动平台,其优质的社区属性进一步提高了用户对于平台的依赖。股吧的设计参照"贴吧",按照个股、主题、行业和概念等多维度来划分"子吧",供各类投资者进行发帖、评论互动。通过用户间的互动有效提升用户对平台的黏性和忠诚度。同时,由于证券市场始终存在的信息不对称和投资者缺乏情绪管理出口等问题,促使投资者将股吧作为获取突发性信息和投资互动的首选渠道,从而长期保持用户活跃度。

三、满足用户的交易需求,多元金融持续变现

(1)经济业务迅速攀升。东方财富证券借助公司平台积累

的优质客户流量,成本管理能力相较于传统券商更具优势,佣金率长期低于行业平均水平。通过采取低佣金、互联网自助开户模式,东方财富的经纪份额迅速攀升。东方财富作为市场上独特的互联网券商,抓住互联网金融发展红利,经纪业务迅速扩张。2015年东财证券经纪业务净收入仅为0.6亿元,而2020年则增至30.32亿元,同比增长82%,2015—2020年年均复合增速高达119%。

(2)两融业务持续扩张。经纪业务的高速发展带动东财两融业务快速提升,从2016年的43亿元增加到2020年的301亿元,市场份额从0.45%提升至1.86%。2016—2020年公司利息净收入从2.35亿元快速提升至15.36亿元,年化复合增速高达60%。以融资融券为代表的创新业务已经逐渐成为东方财富新的增长点,其风险可控、收益稳定,对于优化公司证券收入结构具有重大的意义。东方财富的两融业务市占率还有巨大空间可以开发,根据监管规定,融资融券业务资格需要在开户并交易至少六个月后才能开通,因此两融业务份额提升存在一定的滞后效应。随着时间推移,滞后效应将逐步解除。线下网点不断扩张,根据监管规定,投资者开通融资融券交易需前往柜台办理,因此东财近年来加大力度进行线下网点扩张。截至2020年三季度,分公司数量已达12家,营业网点数由2015年的32家增至166家,较2015年末增长超过4倍,全国网点布局正加速搭建完善。

(3)基金销售变现稳健。东财于2012年7月正式开始对外开展基金销售业务,而现在距离天天基金的推出已经过去了5年时间。2015年以来天天基金对于基金公司和基金产品的覆盖率始终处于行业首位,基金产品覆盖率由26%提升至74%,基金公司覆盖率由约 80% 上升至 92%，持续领跑于好买基金、盈米基金、蚂蚁基金等第三方平台，工行、招行等传统银行渠道以及中信、建投等头部券商。公司基金销售额由 2013 年的 361 亿元快速增长至 2020 三季度的 9951 亿元，年化复合增速高达 63%，其中 2015 年受资本市场大幅走强影响，公司顺势发力销售端引流获客，销售规模同比大增 223% 突破 7000 亿元，稳居第三方基金代销第一梯队。从基金代销结构来看，2020 年三季度公司货基及非货基销售金额分别达 4598 亿元和 5353 亿元，非货基占比由 2013 年的 27% 连年提升至 54%，年化复合增速超 80%。

四、东方财富的未来：积极打造一站式财富管理平台

根据麦肯锡的数据，截至 2020 年底，以个人金融资产计算，中国已成为全球第二大财富管理市场、第二大在岸私人银行市场。预计到 2025 年，中国财富管理市场年复合增长率将达 10% 左右，市场规模有望突破 330 万亿元。中国居民的财富积累催生了专业财富管理需求，东方财富凭借多年以来积累的品牌知名度和投资者认可度，一站式互联网财富管理战略有望加速落地。根据易观分析的数据，我国互联网财富管理市场规模快速增长，2013—2019 年年复合增长率达到 49.99%，2019 年市场规模已超 7 万亿元。

东方财富致力于构建人与财富的金融生态圈，提供财经、证券、基金、期货、社交服务等一站式互联网财富管理服务，为用户创造更多价值。近年来，东方财富金融牌照日趋健全，不断完善金融业务布局。2018 年 10 月，公司获准设立西藏东财基金管

理有限公司，标志着公司正式进军公募基金领域，为未来资产管理业务的开展奠定了坚实基础。随着我国投资者对财富管理需求的增长，东方财富一站式互联网资产管理战略有望加速落地。

五、东方财富潜在风险提示

（1）国内证券市场股票交易额增长低于预期的风险。金融信息行业公司的业绩与证券市场整体行情相关性较高，若证券市场景气度下降，可能会导致股市下跌、市场交易量收缩等情况，可能会抑制投资者对金融信息服务及产品的需求，行业内公司的营收和净利润可能将不及预期。

（2）证券行业竞争进一步加剧的风险。随着证券行业的快速发展，相关费率市场化程度不断提高，如果公司不能紧跟行业发展形势，提高公司的竞争力和核心优势，可能将无法适应激烈的行业竞争。

（3）基金销售市场竞争激烈的风险。近年来，互联网巨头进军第三方基金销售市场，随着行业内参与者的不断增多，没有核心竞争力的企业可能会被逐步淘汰。

（4）金融监管及政策法规趋严的风险。随着行业的不断发展，监管金融信息服务行业的法律法规正逐步趋于完善，目前已有《中华人民共和国证券法》《中华人民共和国证券投资基金法》等法律，监管机构也出台了一些关于规范发展的指导意见和措施。但金融信息服务行业内的服务与产品更新迭代速度较快，若金融监管趋严，公司的业务创新进展可能不及预期。

（5）资产管理业务发展不及预期的风险。公司在2018年成立西藏东财基金管理有限公司,开始逐步布局资产管理业务,存在发展不及预期的风险。

东方财富定量分析(2021年9月2日收盘数据)如下。

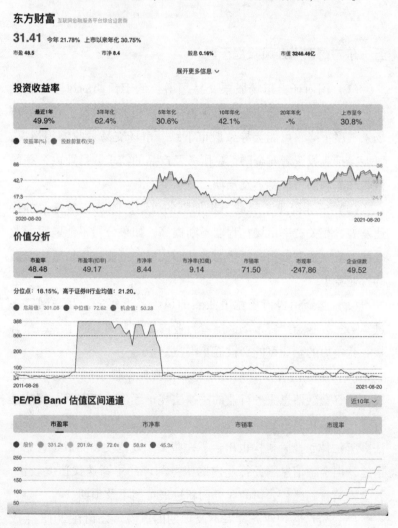

第六章 投资企业分析

投资简析

正面因素：

- **龙头** 公司是 证券 行业的龙头。
- **营收** 近3年，营业收入增长 237.5%，年复合增长率为50.0%，成长能力很强。
- **ROE** 近5年，净资产收益率平均为 9.7%，获取收益能力强。
- **强势** 最近1年，股价表现强于 87.0% 的股票，走势较强。
- **北向** 北向资金持股占流通股比例为 7.8%，很受外资关注。
- **公募** 公募基金持股占流通股比例为 11.9%，很受内资关注。
- **评级** 近90日，42家机构给出评级，机构关注度很高，54.8% 为买入，距目标价(41.97)还有 25.0% 的上涨空间。
- **业绩** 07月10日发布2021年半年报业绩 预增 公告，预计归母净利润为35.00亿~40.00亿元，增长率为93.5%~121.2%，按最新业绩预估PE为56.06~52.04。

盈利能力

杜邦分析	ROE 21.4%	净利润率 62.7%	总资产周转率 8.6%	杠杆倍数 4.2倍	总资产收益率ROA 5.4%	投资资本回报率ROIC 5.5%

● 东方财富 ● 证券Ⅲ

	ROE(TTM)		净利润率		总资产周转率		杠杆倍数
■	21.44%	≈	62.69%	x	0.09	x	4.16
■	8.73%	≈	29.49%	x	0.06	x	4.69

成长能力

年度

总营业收入 106.8亿	营业利润 78.6亿	归母净利 67.0亿	扣非净利 66.0亿	经营现金流 -13.1亿	净资产 384.5亿

● 总营业收入 ● 同比增长率

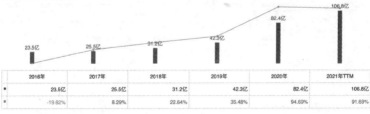

	2016年	2017年	2018年	2019年	2020年	2021年TTM
■	23.5亿	25.5亿	31.2亿	42.3亿	82.4亿	106.8亿
■	-19.82%	8.29%	22.64%	35.48%	94.69%	91.69%

高效投资：个人投资者快速学习的投资方法

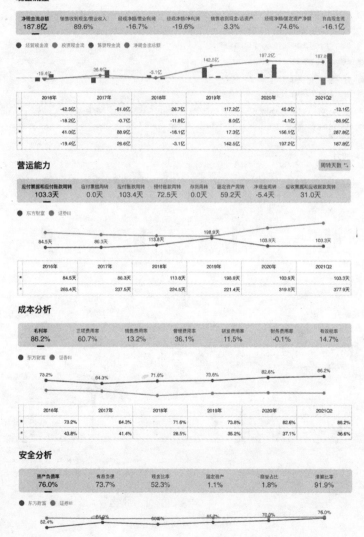

第七节 恒瑞医药

恒瑞医药最近在二级市场的日子确实不太好过，但是我们国家化学制药领域的发展需要从仿制药转向创新药，以目前创新药研发资金和研发时间这两个维度来考量，只有恒瑞医药一家胜出，领先第二名复星医药非常大的距离。下面我将给大家拆解恒瑞医药的发展过程，最后我会给出后期我们需要重点追踪的数据指标。

恒瑞医药是国内最大的抗肿瘤药、手术用药和造影剂的研究和生产基地之一。公司产品涵盖了抗肿瘤药、手术麻醉类用药、特色输液、造影剂、心血管药等众多领域，已形成比较完善的产品布局，其中抗肿瘤、手术麻醉、造影剂等领域市场份额在行业内名列前茅。在全国医药工业信息年会发布的《2020年中国医药研发产品线最佳工业企业》榜单中，恒瑞医药位列榜首。在2020中国化学制药行业年度峰会上，公司荣获"2020中国化学制药行业工业企业综合实力百强""2020中国化学制药行业创新型优秀企业品牌"等多项荣誉。

一、恒瑞从仿制药向创新药转型

（1）仿制药时代。恒瑞医药开始拓展全国市场，药品以中端品种居多，随着研发技术不断提高，公司员工由2000年的1426名增加到2005年的2122名，研发人员占比由2000年的3.8%增加到2005年的7.2%，同时研发费用率由2000年的

3.8%增加到2005年的8.7%。研发人员的增加和研发费用大幅度投入让恒瑞可以加快仿制药的研发进度,进一步抢占全国市场,扩大下游市场规模。恒瑞不断投入研发体系的搭建,在连云港设立研发中心和博士后工作站,建立国家级技术中心并在上海设立研发中心。研发人员学历水平和研究经费都开始有了质的提升。正因对技术人才和技术投入的重视,以及"抢仿"战略的实施,恒瑞医药的市值上升了11倍,成长为中国本土最优秀制药企业的同时积累了企业创新力。

(2)从仿制药到创新药的过渡期。这一阶段恒瑞医药已经在仿制药市场站稳了脚跟,药品也从中端品种过渡到了高端药品。2006年后,恒瑞开始面向全球市场继续加大研发投入,研发费用率从2005年的8.7%增加到了2013年的9.5%。为了高效率地申报创新药,恒瑞在北京设立了医学部,专门负责创新药的申报。为了获取全球最先进的医药技术,在美国建立了创新药研发中心,这一阶段可以总结为恒瑞医药正式从仿制药走向了创新药的研发之路。为了创新药的发展,恒瑞在全球广纳人才,搭建高质量的研发平台,实现了从化学工艺优化、新制剂研发到新药创新申报的一体化。

(3)创新药收获果实,迎来爆发期。恒瑞医药经过多年的创新药研发,在抗肿瘤、麻醉、造影等领域已经有了极大的优势,在研品种多达70余个。药品的研发范围还扩大到了血液系统、糖尿病、心血管等下游需求量极大的领域。从2015年开始,恒瑞基本能够实现每年有4个以上品种(适应证)获批,公司将迎来几个数亿元级创新产品的全面收获期。

二、主营业务确保恒瑞未来业绩，股权激励绑定核心团队

恒瑞医药自上市以来，营业收入保持平稳高速增长，主营业务收入由2000年的4.8亿元快速增长至2019年的232.9亿元，年复合增长率为23%；归母净利润从2000年的0.7亿元增长至2019年的53.3亿元，年复合增长率为26%。恒瑞医药经营状况良好，发展速度较快，外加公司产品丰富、竞争力强，其未来成长确定性高。

股权激励政策下，公司未来业绩有望持续高速增长。2020年8月18日，恒瑞医药发布2020年限制性股权激励计划。激励计划的股票来源为向激励对象定向发行的公司股票，激励对象总人数为1302人，占公司截至2019年12月31日员工总人数24431人的5.33%，定价为每股46.91元。在该激励计划中，限制性股票三次解除限售的条件为：以2019年净利润为基数，2020年、2021年、2022年各年度的净利润增长率分别不低于20%、42%、67%。预示恒瑞未来三年业绩保持平均每年18.64%的复合增长。

三、恒瑞积极布局非肿瘤管线，心血管领域和疼痛领域蕴含较大市场机会

虽然业内普遍认为肿瘤占用了最多的研发资源，但《美国医学会》杂志最近发表的一项1996—2016年美国154种疾病导致的医疗保健支出的研究报告显示：背部疼痛和颈部疼痛、其他肌

肉骨骼疾病、糖尿病、缺血性心脏病、跌倒、泌尿系统疾病的支出居前六位，肿瘤并不在其中，而制药公司的投资趋势与此类似。恒瑞有多款非肿瘤管线重磅产品；2020年研发的抗胆碱能药物格隆溴铵注射液获得药品注册证书，成为国内首个获批的格隆溴铵注射剂。凭借对中枢神经系统更小的副作用，格隆溴铵有望成为理想的阿托品替代产品。除此之外，恒瑞在自身免疫疾病、子宫内膜异位等适应证的布局，将为其未来业绩增长带来新的动力。

四、产业化布局着眼全球，研发、生产和销售一体化打造创新产业链

恒瑞目前拥有8个生产基地，分工明确，统一协作；从医药原料药的研发和生产到现代化制剂车间（符合FDA生产标准），从生物医药研发中心到创新药物和高端出口制剂（注射剂、冻干粉针剂、鼻喷剂和溶液剂等符合FDA生产标准）的产业基地。公司建设高水平的生物医药研发生产基地，引进先进的纯化、超滤、分析等设备，打造符合美国FDA和欧盟EMA质量认证的生产体系。目前，公司拥有11个研发中心，研发中心已经覆盖了以连云港为中心的上海、苏州等高新技术企业聚集地，无论是内生还是外延都已经布局完善。

2020年12月，公司正式启动南方总部及研发中心项目建设，致力于打造国际一流的生物医药研发中心、临床试验中心和临床数据科学中心以及总部基地，重点围绕肿瘤、糖尿病、自身免疫性疾病、心血管等重大疾病领域进行新药开发，大力推进抗

体偶联物、双特异性抗体、抗体片段、肿瘤免疫疗法等生物技术领域的研究，加速创新资源聚集和成果转化。

五、恒瑞医药的销售与创新

根据 2020 年恒瑞医药的年报，我们可以快速掌握恒瑞在销售与研发创新方面的最新进展。

（1）销售方面。一是进一步转变营销管理理念，加强专业化学术推广和数据营销，强化公共平台建设，提升专业化水平，借助 ASCO 等国际顶级学术会议资讯、各级医院管理协会等平台，与临床医师开展专业学术交流，传递最新医药研究成果；二是通过"医路领航"国际云桌会、药学云课堂系列讲座等途径，推动国内外药学专家开展多维度、常态化沟通互动，为国内医疗机构国际合作、人才培养搭平台、建渠道；三是增强学术服务、市场准入和资源整合能力，以创新产品获批适应证为契机，充分释放创新药市场潜能，全力满足患者需求；四是进一步完善分线销售，对各条产品线、核心产品的分线销售做进一步细化和优化，推动做强做大，对重点医院深度开发，把市场做细做透；五是进一步拓宽销售领域，在抗肿瘤药和手术用药的基础上，重点围绕免疫治疗、心血管、代谢疾病、疼痛管理等领域打造新的增长点，构建新的竞争优势。

（2）研发创新方面。一是继续加大研发投入，2020 年公司累计投入研发资金 49.89 亿元，比上年增长 28.04%，研发投入占销售收入的比重达到 17.99%，为公司创新发展提供有力支撑；二是完善研发质量系统，推进跨部门项目管理，确保研究工作有序、有效进行；三是专利申请和维持工作顺利开展，报告期内提交国内新申请专利207件、国际PCT新申请70件，获得国内授权64件、国外授权103件；四是项目注册申报工作有序推进，报告期内取得创新药制剂生产批件6个、仿制药制剂生产批件5个，取得创新药临床批件82个、仿制药临床批件2个，取得3个品种的一致性评价批件，完成5种产品的一致性评价申报工作。其注射用卡瑞利珠单抗与苹果酸法米替尼胶囊联合治疗复发转移性宫颈癌被纳入突破性治疗名单，注射用卡瑞利珠单抗治疗局部复发或转移性鼻咽癌适应证及他氟前列素滴眼液等申请上市并获优先审评资格，注射用卡瑞利珠单抗肺癌领域研究成果登上《柳叶刀》杂志，中位总生存期长达27.9个月，创全球同类最佳。

六、积极开拓海外市场，全速推进全球化进程

在中国的制药企业中，恒瑞率先进军海外市场，包括美国、欧洲、日本三地。与在国内的发展路线类似，恒瑞在国际市场上也在努力实现仿制药到创新药的转变。国际化方面，2020年恒瑞继续加大国际化战略实施力度，积极拓展海外市场。恒瑞医药在瑞士巴塞尔建立欧洲临床中心，进一步完善全球创新体系，有助于加快推进包括癌症治疗在内的创新药物开发。

仿制药国际化方面，盐酸右美托咪定氯化钠注射液在美国获批销售；公司已有包括注射剂、口服制剂和吸入性麻醉剂在内的20个制剂产品在欧美日获批，1个制剂产品在美国获得临时性批准；报告期内公司向美国FDA递交了4个原料药的注册申请，

向澳大利亚递交了1个上市申请，在其他新兴市场也在逐步加强注册力度。

创新药国际化方面，目前恒瑞医药多个产品获准开展全球多中心或地区性临床研究，其中卡瑞利珠单抗联用阿帕替尼、氟唑帕利等产品已在国际多中心开展III期临床试验。

创新海外输出方面，恒瑞将卡瑞利珠单抗、吡咯替尼、SHR-1701项目分别许可给韩国Crystal Genomics公司、韩国HLB-LS公司、韩国东亚制药公司，将进一步提升公司创新品牌影响力和海外业绩。未来公司将继续开展海外项目合作，加快海外市场开拓，力争早日实现创新药海外销售，让公司创新产品服务全球患者。

后期我会关注恒瑞的半年报，重点追踪创新药占营收的比例是否在逐步提高，如果这个结果可以通过半年报得到证实，那毫无疑问就是建仓恒瑞医药的好时机。当然创新药领域市场风险极大，二级市场价格波动巨大，还是希望大家可以对这个领域做足了功课再进入，我不建议普通人投资医药领域，如果大家感兴趣可以关注医药ETF（实际价格波动也不小）。

七、恒瑞医药潜在风险提示

（1）政策影响的不确定性的风险。考虑到医保谈判落地和第四批带量采购的影响，数量变化可能无法弥补价格降低带来的影响。

（2）研发进展不及预期的风险。公司研发管线中的产品，可能由于不可抗力因素导致临床试验进展不及预期，进一步导致产品商业化进度不及预期。

（3）国际化进展不及预期的风险。考虑到公司海外临床研究进展和海外产品销售收入因为疫情而放缓和下降的影响。

恒瑞医药定量分析（2021年9月2日收盘数据）如下。

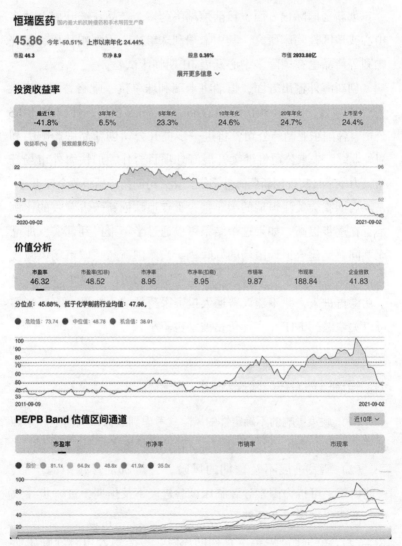

第六章 投资企业分析

投资简析

正面因素：
- 龙头　公司是 化学制剂 行业的龙头。
- 营收　近3年，营业收入增长 100.6%，年复合增长率为26.1%，成长能力较强。
- ROE　近5年，净资产收益率平均为 23.2%，获取收益能力很强。
- ROIC　近5年，投入资本回报率平均为 22.2%，创造价值能力很强。
- 北向　北向资金持股占流通股比例为 12.3%，很受外资关注。
- 公募　公募基金持股占流通股比例为 5.9%，较受内资关注。
- 评级　近90日，9家机构给出评级，机构关注度很高，88.9%为买入，距目标价(92.96)还有65.0%的上涨空间。

负面因素：
- 弱势　最近1年，股价表现差于 81.5% 的股票，走势较弱。
- 高管　最近3个月有高管减持，减持金额累计 0.25亿元。
- 解禁　2021年10月25日，解禁727.52万股，占流通股本0.1%，占总股本0.1%，若股东减持价格或受影响。

盈利能力

| 杜邦分析 | ROE 22.1% | 净利润率 22.3% | 总资产周转率 89.2% | 杠杆倍数 1.1倍 | 总资产收益率ROA 19.9% | 投资资本回报率ROIC 21.5% |

● 恒瑞医药　● 化学制剂

	ROE(TTM)		净利润率		总资产周转率		杠杆倍数
	22.13%	≈	22.31%	×	0.89	×	1.11
	6.94%	≈	7.43%	×	0.56	×	1.64

成长能力

年度

总营业收入	营业利润	归母净利	扣非净利	经营现金流	净资产
291.4亿	72.0亿	65.1亿	61.6亿	20.9亿	321.9亿

● 总营业收入　● 同比增长率

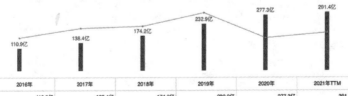

	2016年	2017年	2018年	2019年	2020年	2021年TTM
	110.9亿	138.4亿	174.2亿	232.9亿	277.3亿	291.4亿
	19.08%	24.72%	25.89%	33.70%	19.09%	22.17%

高效投资：个人投资者快速学习的投资方法

现金流量

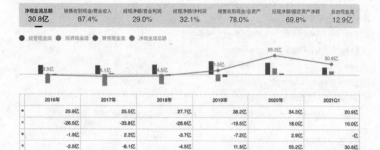

营运能力

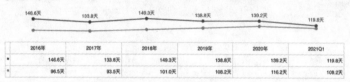

成本分析

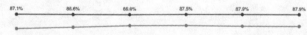

安全分析

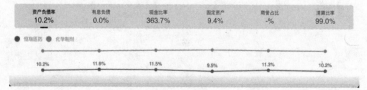

第六章 投资企业分析

本章作业：请选择一家企业深度分析。
　　　　　结合本书的方法和自己的个人分析思路。
提交作业请关注微信公众号：亮叔财富观。
回复关键字："第六章作业"。

对优质作业，我将赠送我的录播课和经典投资书籍。

第七章 资产配置的重要性

第一节　常见的投资工具

这一章我想给不同资金规模的朋友一些实用的资产配置建议，在进入具体的资产配置建议之前，我先带着大家一起熟悉一下之后要经常使用的各类资产，加深你对每种资产特性的了解。毕竟市场有风险，我们要敬畏市场，更要提前知道风险到底有多大。我会依次讲解权益类（股票）、固定收益类（债券）、贵金属（黄金）、大宗商品、房地产、现金类资产这六大类核心资产。

一、股票

股票是股份公司发行的可以证明股东在公司中拥有所有者权益的一种股权凭证，是一种能够给持有者带来收益的有价证券。根据上市公司的规模，股票通常分为大盘股，例如格力电器、招商银行等；中盘股，例如苏泊尔、天坛生物等；小盘股，例如广誉远、天味食品等。

股票类资产的特点是：长期收益最大、波动幅度最大、回撤幅度也是最大的。我用了三个最大来表达股票这类资产的显著特性，所以如果大家对股票这类资产的波动完全接受不了，那就先避开股票类资产。

股票的长期收益有多高呢？我用数字来说话，先来看美国的股票类资产长期收益，1900—2017年长期年化收益率是9.6%；再看咱们中国股票市场，1994—2020年底长期年化收益率是9.2%，你没看错，以波动幅度大著称的A股长期年化收益率也有9.2%。说完了长期收益,还要重点讲一下股市的最大回撤,只要你一直在市场中,总是会赶上大回撤的行情,以全球主流市场来看,美国、德国、日本、中国股市遇到危机,市场整体回撤可以达到50%～70%,所以股票类资产投资是波动巨大的,请大家一定要有风险意识。

二、债券

债券类资产包括国债、企业债、金融债和可转债等,持券人按照约定可以在特定的时间内取得固定的收益,并预先知道取得收益的数量和时间。

国债由政府发行,是国家为筹措资金而向投资者出具的书面借款凭证,其信誉度非常高,有"金边债券"之称,适合稳健型投资者,主要有凭证式和记账式国债两种:凭证式国债可记名、可挂失但不能上市流通;记账式国债可以上市流通,收益性略好于凭证式国债。

企业债是由国内具有法人资格的企业为筹集生产与建设资金,依照法定程序发行,约定在一定期限内还本付息的债务凭证。

金融债是指由金融机构发行的债券,在欧美国家,金融债也属于企业债。

可转债是一种被赋予了股票转换权的公司债券,发行公司事先规定债权人可以选择有利时机,按发行时规定的条件把其债券转换成发行公司的普通股票。可转债持有人进可攻、退可守,既可以选择持有至债券到期,要求公司还本付息,也可以选择在约定的时间内转换成股票，享受股利分配或资本增值。可转债具备一定的股票属性：在转成股票前，它是债券，享受固定利息，到期收回本金；一旦触发转股条件，就能以约定的价格（比当前市价要低）换购成股票，直接享受股票增值带来的收益。

长期国债中，最重要的是十年期国债，而美国十年期国债收益率被称为全世界资产定价的定海神针，由美国政府信用背书，可以当作无风险利率使用。

美国十年期国债的收益总体在 2%～4% 这个区间。国债的波动很小，但在极端情况下也有较大的波动，例如石油危机（1979 年）时，美国十年期国债指数在两年多的时间内回撤了 20%。国债相对就是波动最小、最安全的投资品种了。

三、黄金

我们中国人是很钟情于黄金作为投资品种的，尤其很多家庭会在金价相对较低的时候去购置一些投资金条储备起来。

如果从长期收益角度看，黄金没有任何长期投资的必要，但黄金具备阶段性配置的特性。现在除了实体黄金，我们还可以配置场内交易的黄金 ETF，交易更便捷。

投资的世界里什么事都有可能发生，大多数情况下，当经济下行甚至出现金融危机的时候，黄金通常都会上涨得很好，表现出了黄金的避险属性。但也有例外情况发生，2008 年金融危机时，黄金价格暴跌 30% 多，所以我们千万不要把自己的投资思维停留在以往的认知中。

四、大宗商品

大宗商品中包含了石油、天然气、小麦、玉米、白糖等。普通投资者没有必要耗费精力去研究这些品种的投资特性，我们可以简单投资一揽子大宗商品。

从美国商品的总收益指数的数据上看，1971—2001年，商品资产的年化收益率为7.3%，与股票的相关性为0.02，与固定收益证券的相关性为-0.14。由此可见，商品资产在投资组合中能起到较好的分散风险作用，降低组合的总体波动。

在具体的配置建议中，我会讲解大宗商品的配置规律。大宗商品波动性极大，适合有一定投资经验和资金规模的朋友少量配置。

五、房地产

房地产是中国14年来走势最强的资产（一线城市核心地段），在这14年里，其他任何实业、股票和信托，都大幅度跑输房地产收益，而且在可预计的未来，房地产投资仍将会有不错的收益表现（但是要降低预期，大环境跟前些年没法比了）。房地产类资产可以分为三种：居民房地产、商用房地产和房地产投资信托基金（REITs）。

以前大家要投资房地产只能选择投资居民和商用房地产，通常需要较高的初始资金门槛，但是投资者可以利用按揭贷款的杠杆效应以30%的首付款来获取整个资产的占有权，并且在房价下跌时，投资者不需要像在股票市场上那样追加保证金。

对于资金很少，但也想参与房地产投资的朋友们，我们可以关注房地产投资信托基金（REITs）。

REITs 的形式同现有的股票型基金类似，基金管理人将众多投资者的资金集合起来购置物业或者向物业投资者放贷，赚取的利润和遭遇的风险再由各投资者按照出资比例分摊。REITs 根据投资对象的不同分为三类：一是资产类，投资并拥有房地产，主要收入来源于房地产的租金；二是抵押类，投资房地产抵押贷款，收益来源于贷款利息，投资基金本身不拥有房地产；三是混合类，既从事房地产抵押贷款又拥有房地产。相对于居民和商用房地产投资，REITs 具有投资门槛低、流动性强、分散化房产组合、收益高等特点，在中国拥有很好的前景。

REITs 在美国已经发展了很多年，目前我国也推出了 REITs，首批九家公募 REITs 已经获批。后期讲解配置的时候我会把这九家 REITs 整理给大家。

下面说一下 REITs 的风险：房地产类资产投资的主要风险是通货紧缩。在经济形势较差时，资产泡沫的破裂将直接导致投资者收益下降，甚至为负增长，而居民房地产和商用房地产流动性差、交易成本高，抛售时的价格缩水也会严重影响整体投资收益。但是房地产投资的抗通货膨胀能力非常强，在通货膨胀时，无论是房屋租金还是房价都可能上涨，从而有效地防护了通货膨胀对投资者财富的侵蚀。

美国房地产投资信托基金的存续期相对更长，从美国近30年的数据上看，美国房地产投资信托基金的年化收益率为12.5%，标准差为16.9%，无论是在收益上还是在波动上都与标准普尔500指数相当，其与股票只有0.54的相关性，相关程度相对较低。由此可见，房地产投资与股票投资的组合可以在一定程度上实现风险的分散化。

六、现金类资产

现金类资产可以分为现金资产和现金等价物两大类。现金资产包括货币、活期存款、货币基金和短期银行理财产品。现金等价物应同时具备两个条件：持有期限短和可快速变现。

对于个人投资者而言，短期国债和三个月内即将到期的债券均可视为现金等价物。

现金类资产的优点在于流动性强，易于支取，能够为投资者捕捉未来的投资机会提供有力的支撑。现金类资产的标准差小，价格波动风险很低，与股票类资产和房地产收益的相关性都很小（最近20年的美国现金等价物资产数据显示其相关程度为负），但缺乏抵抗通货膨胀风险的能力，会削弱持有者的购买力。

大部分人会忽视现金类资产的重要性，在我的投资体系里永远都会留给现金类资产至少10%的比例，因为市场会发生什么你永远预测不到，手中必须时刻都留有"子弹"才行。

最后总结一下各大类资产的收益与最大回撤：

（1）股票的长期收益为9.2%，最大回撤为50%~70%。

（2）国债的收益为2%~4%，历史最大回撤为20%。

（3）黄金的收益为4.6%，历史最大回撤超过60%。

（4）大宗商品的收益为4.8%，历史最大回撤超过80%。

（5）房地产的收益为6.5%，历史最大回撤为40%~50%。

第二节　给刚进入职场的朋友的资产配置建议

这一节我要给刚进入职场、只有少量资金的朋友讲解资产配置的实操步骤。我要手把手教你如何学习投资知识和完成自己的资产配置。不管你是刚毕业，还是初入职场，只要你不具备投资经验，同时你的可投资资金少于20万元，都请你认真阅读下面的具体实操内容。

一、高收益需要付出本金损失的代价

收益和风险是投资市场中的两大核心，我希望你正式进入投资之前，可以清醒地认识到当收益每提高一个百分点，对应的你本金损失的风险会提高两个甚至三个百分点。

所以请大家先看最大的潜在损失，最后再看你的投资收益。近年来，在我们身边发生的P2P投资，大部分投资者会侥幸地认为跑路的肯定不会有自己投资的那一家，然而P2P的暴雷让他们很难幸免。作为投资入门的第一课，请你在投资之前对所投资的产品一定要做充分了解，先不要看收益，请认真查看风险，确定自己可以承受，再做投资决策也不迟。如果决定买入高风险产品，请做好本金全部损失的准备。

二、先不要去触碰个股

个股的学习留给你进入投资市场的下一个阶段，过早地投资

个股不适合大多数人（至少不适合99.9%）。当然，如果你像巴菲特一样从小就已经在准备投身股票市场，那你就是那个0.1%。个股的投资体系需要你提前具备很多能力，你需要先从普通的投资品种中学习和打基础，这样进入个股的学习和投资实战中才会有一个良好的投资准备过程。你可以理解为先读了高中再进入大学，进入大学前你需要先把基础学科的基本功学扎实，千万不要急于进入个股市场，投资领域中慢就是快。投资就是长跑，需要跑一辈子的，不急于一时。

三、不要借钱投资（请远离杠杆）

我们人类本来就是具有赌博属性的，在投资世界里，这种赌性会被无限放大，请一定要遵守不使用杠杆做投资这个最基本原则，对于没有经验、需要集中精力做好本职工作的你，还是尽量少走弯路。大多数人使用杠杆是出于投机的心态，人们在钱较少的时候，极容易滋生出赌博心态，总想以小博大，妄想用杠杆成就一夜暴富，这是十分可怕的思想，稍有不慎便成为生命中不可承受之重。坚持远离杠杆，才能让你走上投资正路，这样才能越走越顺，真正给你带来科学投资的快乐。

四、需要掌握的投资工具：ETF

接下来我会给大家讲解一下什么是ETF，最后我会给出适合你的ETF的具体配置方案。

1. 全面了解 ETF

ETF（Exchange Traded Funds）中文全称为"交易型开放式指数基金"，又称"交易所交易基金"，它是追踪特定的指数标的的基金，在交易所买卖，并且随时可以申购、赎回交易。说人话，就像股票一样可以在股票账户进行买卖，方便高效。

它与从支付宝购买的指数基金有什么不同呢？从支付宝购买的指数基金属于场外基金，ETF 是场内基金，最大的不同有三点。

（1）ETF 的交易成本更低，都是指数基金为什么不选择交易成本更低的呢，降低交易成本就是你未来的收益。

（2）ETF 交易更便利，跟买卖股票一样，提高了交易效率。

（3）ETF 可以套利，这一点大家稍微知道就可以了，不具体展开，不希望你过度专注套利的部分。

2. ETF 的种类多样化

ETF 产品主要包括股票 ETF、债券 ETF、商品 ETF、货币 ETF 和跨境 ETF。

截至 2021 年 6 月 30 日，国内市场上的 ETF 一共有 485 只，累计规模为 1.8 万亿元，93% 都是股票 ETF，其中覆盖了新能源车、光伏、医药、化工、有色金属等热度颇高的赛道。宽基指数占比为 52%，窄基指数占比为 48%。货币 ETF 有 32 只，债券 ETF 有 10 只，黄金 ETF 有 11 只，跨境 ETF 有 13 只。国内 ETF 中，股票 ETF 占据大部分，其次是货币 ETF。

因为每种类型 ETF 的风险收益特征各有不同，我们可以通过投资不同类型的 ETF 分散风险，达到资产配置的目的。下面我会简单讲解一下每种 ETF 的特征。

（1）股票 ETF。股票 ETF 通过购买指数成分股里面的股票，紧密跟踪股票指数的走势，并且分散了持有单一股票的风险。以目前非常火爆的碳中和 ETF 为例，场内代码是 512580。追踪的指数是中证环保指数，购买了这只 ETF，相当于同时买进了中证环保指数追踪的 100 家上市企业的股票。

我在上面提到了场内基金，对应的就是场外基金，一定有朋友还不清楚这两者的区别。场内基金和场外基金的区别是：场内交易是指通过证券交易所进行的买卖活动。证券交易所是集中进行股票和其他证券买卖的场所，有固定的交易时间，在交易时间内，买卖双方互相报价，报价一致买卖就即时成交。用场内交易方式进行买卖的基金，就是场内基金，最典型的场内基金就是 ETF 和 LOF 基金。理解了场内基金，就明白了只要不是场内交易的基金，就全都是场外基金。比如，我们在天天基金网、蚂蚁财富、理财通、基金公司官网申购和赎回的就是场外基金。

（2）债券 ETF。债券 ETF 指跟踪债券指数，基金份额在交易所上市交易，投资者使用债券组合进行申购赎回的 ETF。以国债 ETF 为例，其跟踪标的指数是上证五年期国债指数，投资国债 ETF 就相当于购买了一揽子久期为五年左右的国债组合。投资者通过投资国债 ETF，可以方便且稳定地享有五年期国债的收益率。因此，国债 ETF 是适合稳健投资者投资债券的实用工具。

（3）货币 ETF。市场上比较知名的货币 ETF 有华宝添益和银华日利等。货币 ETF 是指既可以在交易所场内申购赎回，也可以在交易所二级市场买入或卖出的货币市场基金。

(4) 商品 ETF。商品 ETF 的跟踪标的是商品类指数，采用实物申购赎回。商品 ETF 可以使投资者更方便地实现对金属、能源、农产品等商品资产的投资。国内跟踪商品的相关产品主要是黄金 ETF、原油 ETF 基金。目前，黄金 ETF 有 11 只，大家要是配置黄金这类资产，可以直接选择黄金 ETF，省时高效，交易成本极低。

(5) 跨境 ETF。目前，投资者在国内进行全球资产配置的主要渠道包括直接开立境外账户、QDII 基金、跨境 ETF 等。如果从交易成本来考虑，通过跨境 ETF 投资境外股市是现阶段最便利、最具效率的方式。首先不需要开设境外账户，受外汇管制相对较小；其次与投资一般 QDII 基金相比，跨境 ETF 的交易更为便利，交易成本更低。

目前，跨境 ETF 主要追踪的标的有恒生、标普 500、纳斯达克 100、德国 DAX 30 指数等。跨境 ETF 的出现，给我们的资产配置又提供了一个新的投资渠道，我们不仅可以投资 A 股、港股，美国、德国等市场也可以成为我们配置的可选范围，真正做到了配置全球优质资产。

所以刚进入职场、可投资金不多的朋友，真的不要小看 ETF，通过 ETF 就可以让你达到全球资产配置的目的。

我希望大家可以重视对 ETF 的深度学习，并形成体系，因为不同的 ETF 对应的是不同的投资市场，我也会在以后的直播中，给大家做更系统的讲解，帮助你快速地掌握好这个投资工具。

五、资产配置方案

第一种适合所有人，进可攻退可守（见表 7-1）。

表 7-1　资产配置方案一

股票 ETF	债券 ETF	商品 ETF	跨境 ETF
40%	35%	10%	15%
宽基、行业、主题	五年、十年期国债	黄金、原油等	恒生、标普、纳指等

第二种适合有一定投资经验、可以承受市场波动的投资者（见表 7-2）。

表 7-2　资产配置方案二

股票 ETF	债券 ETF	商品 ETF	跨境 ETF
60%	10%	15%	25%
行业、主题	五年期国债	黄金、原油等	标普、纳指、德国 DAX 30

以上我给出了具体的资产配置方案和不同资产的配置比例，但是没有具体讲解在什么时间去选取相对性价比高的投资标的。所谓的性价比高，就是下跌空间有限但是未来中长期（2～3年）上涨空间至少是下跌空间的 3 倍以上甚至更高。

下一节我要给已经有了一定存款的朋友一些资产配置建议。一定存款是多少呢？我先设置个范围：20 万至 100 万元，加油努力，希望你可以尽快进入到这个阶段。

第三节　给已经有一定存款的朋友的资产配置建议

我还是说个前提：假设你已经有了几年的工作经验，通过自身的本职工作积累到了投资本金，你也对基本的投资工具积累了一定的学习时间，并且你已经有了投资经验。

满足以上条件，咱们可以开始更上一层楼，多学习一个投资工具，开始更全面的资产配置了。

上一节我重点讲解了 ETF 这个投资工具，这一节我要讲咱们 A 股市场非常好用的投资工具：可转债。

可转债全名叫作可转换公司债券（Convertible bond，CB），目前在中国境内市场，就是指在一定条件下可以被转换成公司股票的债券。

一、通过可转债获得收益的原理

当二级市场上涨形势好，可转债会随着二级市场的股价同时上涨，可转债的持有者可以直接在二级市场卖出可转债获取收益。当二级市场低迷，可转债和发型可转债的公司股价同时下跌，可转债持有者可选择获取到期的固定利息和本金（还本付息）。当股市由弱转强，或发行可转债的公司业绩向好，预计公司股价会上涨，可转债持有人可以选择将债券按照发行公司规定的转换价格（转股价）转换为股票。

为什么说可转债下有保底，还是可以 100% 确定的？

首先要明确一下概念，只有在面值 100 元及以下，或者在回售价及以下买入的持有者，才能 100% 保底。回售价相当于一个可转债的保护价，一般比面值 100 元略高 0.5~4 元。可转债之所以可以 100% 保底，是因为这个是可转债合同规定的、必须履行的义务，我们国家已经上市的可转债中，目前还没有出现违约的情况。

如果发生违约怎么办？因为我们 A 股对发行可转债的上市企

业审核极其严格,一旦真的发生违约事件,证监会第一时间会来维护可转债持有者的本金安全,请记住一定是在面值 100 元及以下,或者在回售价及以下买入持有的才有 100% 的保底。

二、需要把握四大要素

如何快速掌握可转债的交易特性呢?

可转债是一种"下有保底"的投资品种。那么保底线是多少,安全性有多大?可转债的规则非常清晰,每一只可转债在它的"募集说明书"中都有清晰与详细的规定。只要花十几分钟,就可以在其中找到答案。

对于可转债的把握必须掌握如下四要素:转股价格、提前赎回(有条件赎回)条款、回售条款、转股价格向下修正条款。

1. 转股价格

转股价格相当于可转债与正股之间的"汇率"。可转债都是上市公司发行的,每一只可转债都对应一只股票,一张可转债可以兑换的股票数量为:100 元/转股价格。如果持有 1 张转股价格为 8 元的 A 可转债,$100/8=12.5$,那么投资者就可以兑换 12 股股票,不足一股部分将以现金形式返还到交易账户,即每张可转债可换 12 股股票,并找回零头 4 元;如果是持有 10 张 A 可转债,则正好可以兑换 $10 \times 100/8 = 125$(股)股票。

转股价格与正股价格共同决定了一只可转债的价值。假设前例中 A 可转债对应的正股价格为 8.50 元,那么 1 张 A 可转债的转股价值为:$8.50/8 \times 100 = 106.25$(元)。此时 A 可转债价格高于106.25元就是溢价，低于106.25元就是折价。

转股期是可转债可以兑换成股票的时间区间。可转债并不是一上市就可以转股的，要过一段时间后才开放转股权利。没有进入转股期的可转债是不能转股的，也不能提前赎回。具体的转股期可以查看可转债"募集说明书"。

2. 提前赎回条款

赎回分为两种：到期赎回、提前赎回（有条件赎回）。我们投资可转债都期望提前赎回（有条件赎回），而不是到期赎回。

举例：A可转债提前赎回条款如下。

转股期内，股票连续30个交易日中有15个交易日的收盘价不低于转股价格的130%。

提前赎回是可转债发行公司的权利，对投资者有强制性，所以也被称为"强赎"。如果上市公司对可转债发起强赎，但可转债持有人在规定的时间内不转股，那么其手中的可转债就会被上市公司以赎回价格强制收回。

赎回价格、赎回期、赎回条件等重要信息都会在可转债"募集说明书"中规定明确。

3. 回售条款

回售条款通常在"募集说明书"中被称为"有条件回售条款"。

在可转债最后2个计息年度，股票任何连续30个交易日收盘价格低于当期转股价格的70%，可转债持有人有权将其持有的可转债全部或者部分按债券面值加上当期应计利息回售给公司。不同可转债关于回售期的规定是不同的，有的是最后2个计息年度，有的是转股期内，还有的是可转债发行后多少个月。不过目前绝大多数可转债是按照最后 2 个计息年度来规定的。如果不在回售期内，就算正股价格在转股价格的 50% 长期徘徊，持有人也是没有回售权利的。

回售是赋予可转债持有人的权利。当正股价格跌得太低，触发回售条件时，持有人有权将手中的可转债以约定的回售价格卖回给公司。

需要注意，回售是持有人的权利，不是义务，你可以选择回售，也可以选择不回售，并且继续持有。回售价格是在"募集说明书"上事先约定好的，通常是债券面值加上当期应计利息。请注意，并不是所有可转债都有回售条款，例如信用好的中信转债、浦发转债等没有设置回售条款。不过可转债都设置了附加回售条款：当募集的资金用途发生重大变化时，可以回售。

需要注意的是，绝大多数可转债在一个计息年度，只能有一次回售保护。当一只可转债在同一个计息年度多次触发回售条款时，只有第一次有效，如果持有人在回售申报期没有行使权利，那么这个计息年度就没有权利再次参与回售了。

4. 转股价格向下修正条款

转股价格向下修正条款是所有投资可转债的投资者最喜欢的，所有人都期盼着转股价格下修。下修是转股价格向下修正的简称，它是指当满足某个条件时，发行公司有权利向下修正转股价格。注意，下修是发行公司的权利，而不是义务。

对于可转债投资者，可转债发行公司每一次下修转股价格都是在送钱，这是因为可转债的转股价值提升了。

可转债发行方和可转债持有人的利益是一致的,可转债成功转股,对发行公司和投资者来说是皆大欢喜,因为投资者赚到了钱,发行公司则顺利将"债主"转为"股东",借来的债都不用还了。同样,可转债持有人也可以在可转债升值后在二级市场卖出获利。

三、可转债的交易规则

(1) 无涨跌幅度限制。
(2) 交易不收取印花税,交易佣金低于股票。
(3) T+0 交易。

四、资产配置方案

第一种配置方案适合追求稳健的投资者(见表7-3)。

表7-3 资产配置方案三

股票 ETF	跨境 ETF	商品 ETF	可 转 债
35%	20%	10%	35%
宽基、行业	恒生、纳指	黄金	信用等级高的低价转债

第二种配置方案适合可以承受风险的投资者(见表7-4)。

表7-4 资产配置方案四

股票 ETF	跨境 ETF	商品 ETF	可 转 债	个 股
25%	25%	10%	15%	25%
行业、主题	纳指、德国DAX 30	黄金、原油	信用等级高的可转债	优质企业库中选取

以上我给出了具体的资产配置方案和不同资产的配置比例。

第二种配置方案中我加入了25%的个股，因为个股波动剧烈，对个人投资者的综合要求非常高，如果大家对ETF、可转债这样的投资品种认真学习和研究，配置上一小部分个股，你的整体资产配置不但有抵御波动的能力，持续创造的合理收益也应该可以满足你的要求。

第四节　给已经拥有大量存款的朋友的资产配置建议

还是说一下前提：在这里我可以这样定义你的个人情况。

你已经工作了若干年，积累了一定的生活阅历，对各种投资工具相对熟悉，具备投资经验，经历过市场的波动，至少经历了一轮牛熊，见识过市场的爆发上涨，也见证过市场的巨量下跌。资金至少百万元级，千万元级也属于很正常的，过亿元的也不要膨胀。最后，我会跟大家分析一个大额资产配置的案例。

进入这个阶段的朋友至少已经掌握了股票、ETF、主动型基金、可转债，大宗商品等基础的投资工具。我知道对于个人投资者，尤其还需要把本职工作做好，掌握以上投资工具要占用你大量时间去做研究工作，对你来说不是一般的有难度。所以从时间上就不能急，可以给自己制订一个学习计划，慢慢来，在投资的世界里慢就是快。

下面我会具体给出每个投资工具对应的可选投资标的，大家需要建立自己的观察池。观察池里面的投资标的，到了可以建仓的位置，就是未来给你带来财富增值的可投资标的。

一、ETF 观察池

以下是部分 ETF 可投资标的,完整名单请看本书最后部分(见表7-5)。

表7-5 ETF 可投资标的

指数名称	代表 ETF 名称
中证医疗	512170：华宝中证医疗 ETF
中证白酒	161725：招商中证白酒指数 LOF
上证医药	510660：华夏医药 ETF
国证食品	159843：招商国证食品饮料 ETF
上证消费	510630：华夏消费 ETF
生物医药	159859：天弘国证生物医药 ETF
创业蓝筹	159966：华夏创蓝筹 ETF
中证传媒	512980：广发中证传媒 ETF
深证红利	159905：工银深证红利 ETF
上证 50	510050：华夏上证 50 ETF
国证芯片	159995：华夏国证半导体芯片 ETF
沪深 300	510300：华泰柏瑞沪深 300 ETF
中证银行	512800：华宝中证银行 ETF
证券公司	512880：国泰中证全指证券公司 ETF
中证军工	512660：国泰中证军工 ETF
新能源车	515700：平安中证新能源汽车产业 ETF

二、个股观察池

简单做个说明,我们精选出来的都是优质企业,优质企业也要有好价格才能建仓，所以更多的时间是在等，因为优质企业90%的时间都是溢价的（见表7-6）。

表7-6 优质企业及所属行业

优质企业	所属行业
海天味业	调味品
伊利股份	乳制品
东方财富	证券
贵州茅台	白酒
洋河股份	白酒
海康威视	信息设备
万华化学	化工材料
迈瑞医疗	医疗器械
恒瑞医药	化学制药
牧原股份	农林牧渔
通策医疗	连锁专科医院
腾讯控股	互联网
片仔癀	中药
卓胜微	芯片
韦尔股份	消费电子
药明康德	CXO
招商银行	银行
中信证券	证券
五粮液	白酒

三、可转债观察池

每个交易日结束后，我都会整理出可转债可投资数据，在这里我给大家展示一下每个交易日结束后整理的数据表格，分为三个区域：A 区域表示可以少量建仓，B 区域表示可以适量建仓，C 区域表示可以大量建仓。以下是 2021 年 8 月 28 日收盘后的可转债数据整理（见表 7-7）。

表 7-7 可转债可投资标的

A 区域	B 区域	C 区域
【建工转债】现 104.8	【浦发转债】现 104.0	无
【华海转债】现 106.3	【紫银转债】现 102.8	
【东湖转债】现 107.0	【家悦转债】现 100.6	
【中信转债】现 106.9		
【上银转债】现 103.0		
【柳药转债】现 105.9		
【科达转债】现 100.0		
【纵横转债】现 106.5		
【城地转债】现 94.0		
【塞力转债】现 102.9		
【世运转债】现 107.3		
【傲农转债】现 106.2		
【开润转债】现 107.7		
【维尔转债】现 109.2		
【温氏转债】现 107.9		
【希望转债】现 107.1		
【特发转2】现 105.1		
【久其转债】现 103.0		
【新北转债】现 106.0		
【正邦转债】现 104.1		
【瑞达转债】现 105.5		
【国光转债】现 107.5		
【文科转债】现 98.1		
【青农转债】现 105.9		
【交建转债】现 100.0		
【19 中电 EB】现 106.3		

通过这些年的投资实操和总结，我发现可转债基本上每8个月就会有性价比非常高的投资机会，获得的收益预期至少有30个点，持有时间通常要在6～13个月不等。

以上只是我给大家展示的部分可投资标的观察池，我希望你也可以积累到自己的可投资标的观察池，这样会为你节省大量时间，你只需要关注你观察池里的标的是否到达建仓位置就可以了。

四、资产配置方案

第一种配置方案适合不喜欢剧烈波动，且对收益没有强烈要求的投资者（见表7-8）。

表7-8 资产配置方案五

个股	ETF	可转债	大宗商品	主动型基金	现金资产
25%	25%	20%	15%	10%	5%
持有3～5只个股	股票ETF	进入C区间	黄金、原油	选择1～2只即可	留一部分现金

第二种配置方案适合可以承受波动，且注重长期投资收益的投资者（见表7-9）。

表7-9 资产配置方案六

个股	ETF	可转债	大宗商品	现金资产
65%	10%	10%	10%	5%
持有4～7只个股	行业ETF	进入C区间	黄金、原油	留一部分现金

以上是我给拥有大量存款朋友的资产配置建议,接下来我要跟大家分析一个资产配置案例,这是我在 2016 年给一位朋友做的资产配置规划,经过他本人同意展示出来,我会把涉及个人隐私的信息去掉。

先介绍一下这位朋友的背景资料:

他曾任职于建外 SOHO,担任高管职务,有多年美股和港股的投资经验。毕业于香港某大学,硕士研究生。他可用于资产配置的资金规模为 1200 万元,对于 ETF、可转债等投资工具从来没有关注过,他本人熟悉的投资工具相对单一。在单一的投资工具中,他比较擅长地产板块,这跟他多年的工作经验有关。他能接受市场的巨大波动,想通过资产配置来获取长期收益(三年一个小周期,七年一个大周期)。

2016 年 7 月 23 日我拿到了他的资产配置需求,并给出配置方案(见表 7-10)。

表 7-10 资产配置方案七

个股	ETF	可转债	大宗商品	现金资产
70%	10%	10%	5%	5%
消费品行业	行业 ETF	进入 C 区间才建仓	黄金 ETF	

根据他本人的特质,个股所占的比例很高,以下我通过他的账户来说明我对个股的选择思路。

(1)先看行业,消费行业在 2016 年 7 月的时候 PE 在 27 倍左右,分位点是 37.4%,相对来说安全边际可以接受。然后我开始选择消费行业的个股,我分别选择了贵州茅台和海天味业。贵州茅台当时的 PE 是 23 倍,分位点是 41%;海天味业 PE 是 33

第七章 资产配置的重要性

倍,分位点是42%。贵州茅台占了整个仓位的20%(我规定的最大仓位占比),海天味业占到了14%。选择完了消费行业,我把目光放在了医药医疗行业,配置了复星医药。最后配置了海康威视。

(2)2016年的时候黄金极具性价比,我把ETF和大宗商品的配置份额配置了黄金ETF,并且于2020年7月底的时候陆续卖出。我在2020年7月整月的直播都反复讲黄金的投资逻辑,并且反复叮嘱大家不要去追高黄金,那时已经不具备性价比了。

(3)可转债是分阶段进行配置的,基本上达到了C区间才会建仓,然后耐心持有,持有的时间不固定,有的可转债持有不到三个月就达到了卖出条件,还有一部分持有了至少一年才开始上涨。今年我配置的本钢转债从最低73元涨到了120元,跟上这次配置的朋友应该有快2000人了。

本章作业:请结合自身情况,完成初步的资产配置方案
提交作业请关注微信公众号:亮叔财富观。
回复关键字:"第七章作业"。

对优质作业,我将赠送我的录播课和经典投资书籍。

第八章 投资要有一颗平常心

第一节　巴菲特是如何面对回撤的

这一节我想通过巴菲特的亲身经历告诉大家，当市场出现大幅回撤时我们需要如何应对。先从巴菲特管理的伯克希尔·哈撒韦公司讲起，根据统计，伯克希尔·哈撒韦历史上一共经历过五次大幅度的回撤。

第一次发生在1975年，20世纪70年代开始，美国股市出现了整体性的剧烈下跌。伯克希尔·哈撒韦的股价从1973年的96美元高位一路下跌，经历了30个月的持续下跌；1975年10月伯克希尔·哈撒韦的股价跌到了39.8美元，跌幅达到了58.54%。

第二次发生在1987年，1987年发生了全球性股灾，伯克希尔·哈撒韦的股价从4000美元快速下跌到3000美元，这次下跌跟上一次相比，速度更快，持续时间相对较短，跌幅也仅有25%。

第三次发生在1990年，因为海湾战争爆发，伯克希尔·哈撒韦的股价从8850美元下跌到5500美元，跌幅达到了37.85%。这场下跌从1990年1月持续到了1990年10月。

第四次发生在20世纪90年代末，当时美国出现了严重的科技股泡沫，伯克希尔·哈撒韦的股价从84000美元下跌到40800美元，下跌幅度达到了51.43%。

第五次发生在2008年金融危机，伯克希尔·哈撒韦的股价从2007年12月最高点151650美元经历了16个月的震荡下跌，到2009年3月股价跌到70050美元，下跌幅度达到了53.81%。

以上发生的五次大幅度下跌（回撤）有的源于市场外的因

第八章 投资要有一颗平常心

素,例如战争,也有的源于科技股泡沫和金融危机,其中有三次跌幅超过了50%,最小的一次跌幅也有25%,持续最长的下跌时间将近三年。

之所以我要把巴菲特管理的伯克希尔·哈撒韦所经历的五次下跌统计出来,是想告诉大家一个非常简单的道理,即便巴菲特这样神级的投资人物,也必然要经受市场的高位下跌(回撤),有时回撤的时间也会比较长,将近三年。如果你在市场中,"回撤"这件事是一定会发生的,要学会坦然面对。

在2020年的股东会上,巴菲特说:"我在历史上经历过三次伯克希尔股票的价格下跌了50%。如果你是借钱买的股票,那你就会被清零了。"永远不要动用杠杆来投资。

虽然伯克希尔·哈撒韦在二级市场中股价经历五次大幅度回撤,但公司本身并没有发生任何本质上的变化。

这也是我为什么在本书的前几章一直在强调,你要专注于你自己看得懂的行业和企业。当市场发生剧烈波动的时候,你可以非常有信心地告诉自己,这家企业本质上没有发生任何变化,上涨时你可以踏实持有,下跌时你甚至可以低价继续建仓,这份底气和自信来源于你对这家企业足够了解。

下面我想通过20世纪80年代的那场股灾讲讲巴菲特是如何应对的。

20世纪80年代的股灾

20世纪80年代的那场股灾是全球性的,值得我们现在拿来认真分析,看看当年巴菲特是如何应对的。

美国在1982—1987年进入了高速发展时期,当然其中的股票市场也沉浸在了欢乐的气氛中，出现了持续的大牛市，很多民众认为美国股市的繁盛代表着美国经济的复苏。与此同时，不少企业凭借杠杆收购等方式抬高了股票的价格。

20世纪80年代，随处可见的收购、合并成为市场上常见的商业行为。本质上是为了A公司收购B公司进行的集资行为，其中隐藏着巨大的风险，同时也是一种违反法律的交易行为，其运作模式是投机者通过杠杆效应交易，然后在收购中将垃圾证券兜售给民众，从而筹集巨额资金。

就在这个时期，伯克希尔·哈撒韦的股票最高价格涨到每股3680美元，涨幅惊人，然而巴菲特并没有为此兴奋，他知道这种反常规的牛市潜伏着巨大的危机和灾难。

1982年，道琼斯指数的平均指数仅为884.4点，到了第二年，竟然上涨到1190.3点，在1985年继续保持直线上升的趋势，到1987年8月飙升到2722.42点，涨幅超过两倍。这种股价上涨速度超过经济发展速度的现象极不正常，从1982年到1987年，美国的工业生产指数仅仅上涨了30.5%，根本无法匹配两倍涨幅。

进入80年代以后，伯克希尔·哈撒韦的保险业发展迅速，特别是国民赔偿公司为巴菲特赚取了高额的利润，保险公司的浮存金是给投保人的预付款，以至于巴菲特关注保险业超过了其他业务，而保险行业的发展变化也经常超过他的预期。

当时巴菲特最喜欢的业务就是再保险，这是一种批发型的保险销售业务，它不是向个人或者家庭出售小额保单，而是让保险公司将投保分销给同行，共担风险，共享利益。尽管如此，保险业内部的竞争依然激烈，有些公司为了占据市场份额，不断降低

第八章 投资要有一颗平常心

保费。

1985 年，美国的保险业再次遇到寒冬，不少公司赤字累累，只能通过缩小承保范围避险。然而这样一来，巴菲特的保险收入增加了，因为一些大客户认为一家不敢承保的中小型公司毫无可信度，反而像伯克希尔·哈撒韦这样资金规模为同行六倍的公司更可靠。很快，巴菲特做了一个广告：愿意为保险金在 100 万美元以上的难于找到承保人的大客户承担风险。这一下子就给他带来了 1 亿美元的保费收入。

在保险行业出现的马太效应，让很多传统保险公司每况愈下，甚至不敢接保，而巴菲特却来者不拒，这当然不是巴菲特盲目自信，而是他深谙一个道理：只要保费和风险比率相当，就值得投入。

1986 年，伯克希尔·哈撒韦的保费收入达到 10 亿美元，为巴菲特提供了 8 亿美元的浮存金，而在 1987 年，浮存金增加到 10 亿美元。1987 年，收入继续增加，而当时股票正逢牛市，道琼斯指数涨到 2258 点，伯克希尔的股价达到 3450 美元，然而巴菲特却并不乐观，他认为股市平均市盈率为 20 倍，超过了很多公司每年 12%～13% 的实际收入水平，这是危险信号。

在咱们 A 股中有很多行业都存在估值过高的现象，有些行业甚至高得离谱，但是营收速度涨幅根本和估值无法匹配，这些行业和企业我个人都会远离，即便涨得再好，也跟我无关。

1986 年 7 月，道琼斯指数涨到 2500 点，8 月涨到 2700 点，不少人大赚特赚，然而巴菲特却再度错过了股票疯涨的行情。尽管伯克希尔的股价上涨到每股 4270 美元，然而巴菲特更加谨慎，将资金投入抵偿政府债券，因为当时股票市场中已经没有任何一家企业值得投资，实在都太贵了。

当市场全部参与者只相信股价会不断升高，没有人为高股价担忧时，我们要学习巴菲特的处理方式，持有的股票可以不卖，但是不会继续高位建仓了。

巴菲特认为，从 1982 年开始，国际金融市场的游资长期盘踞在股票和货币市场，由于市场进入白热化竞争阶段，所以推动了各种投机行为的产生，导致股价和经济发展过分脱节，很多股票的价值被高估，只要出现一个环节的变动，就足以引发整个股票市场的崩盘。

巴菲特的担忧终于在 1987 年得到了市场的印证。当年 10 月 6 日，道琼斯指数下跌了 91.55 点，而在 10 月 19 日，股票指数从当天开盘的 2247.06 点直接跌到收盘时的 1738.74 点，跌幅高达 22.62%，致使整个美国股市的损失达到 5000 亿美元，约合美国这一年的 GNP 的 1/8。

1987 年的这场股灾让华尔街的不少投资者倾家荡产，尤其是那些中小投资者和散户，他们苦心积攒的资金一夜之间全部清零。巴菲特无法准确预料到市场下跌的日期，但他从 1985 年开始就不断减仓，到 1987 年巴菲特已经卖掉了持有的股票。根据资料显示，在股灾发生之前，巴菲特持有华盛顿邮报、美国广播公司、盖可保险这三家企业的股票，其他持有的股票全面陆续卖出完毕。在股灾真正到来的时候，巴菲特已经远离市场，安静地享受他的研究工作。

随着 1987 年的股灾爆发，伯克希尔·哈撒韦的股价从 4000 美元快速下跌到 3000 美元，跌幅达到 25%。这场股灾不仅仅影响到了美国，紧接着就是外汇市场受到了剧烈的影响。

不少投资者担心财产蒸发，大量地抛售美元，同时抢购硬通货，致使美元贬值，紧接着又影响了欧洲和日本的股价下跌。

10月26日，日本日经指数下跌4.75%，法国股市下跌7%，瑞士股市下跌10%，英国和德国股市下跌突破10%，中国香港的恒生指数暴跌1120.7点，被迫停市。整个10月，全球股票市值损失达到了17920亿美元，其中美国损失将近2000亿美元，日本损失6000亿美元，英国损失1400亿美元，相当于第一次世界大战全部损失的五倍。

巴菲特应对1987年的这次全球股灾，他并没有能力精准预测出股灾发生的具体时间，根据我的推算，他本人通过市场的整体估值法，在1986年就监测到了市场整体的高估值状态。因为巴菲特意识到了市场过热，同时市场中不存在可以投资的标的，他开始陆续减仓，减仓时间也持续了将近两年，股灾发生的时候，他管理的伯克希尔·哈撒韦也在短时间内巨量下跌了25%。

通过巴菲特的操作，我们一定要清醒地认识到，整体估值方法是可以帮助我们提前监测到市场过热状态的。

短时间内的巨量回撤，我们也是要面对的，谁也逃不了。

分析完了1987年的股灾，接下来我想讲讲"9·11"事件发生后，巴菲特遇到难以想象的巨额损失后是如何调整和应对的，通过巴菲特的操作，我们可以学到哪些实用的好方法。

"9·11"事件带来的巨大损失

2001年9月11日，美国纽约世贸中心遭到恐怖袭击，世贸大楼顷刻间倒塌，变为废墟，导致整个美国陷入前所未有的恐慌之中。这在某种程度上，终结了美国从20世纪80年代开始的黄金发展时期，使其经济状况几近瘫痪，尽管美国政府极力进行调控，还是不能改变重创带来的负面影响。"9·11"事件不仅是美国人的噩梦，更给美国的保险业和金融市场带来了极大的冲击。当时股市停市，四天后刚刚开盘，道琼斯指数就狂跌700点，其中以道琼斯综合指数最惨，这种情况持续了五天。

在"9·11"事件发生后的第10天，美元贬值，9月24日，美元汇率跌破多个支撑位，兑换欧元的比率下跌到0.9080，兑换日元下跌到117.6，尤其是美元兑换瑞士法郎，从1.687下跌到1.6041。迫于形势，美联储只能宣布降息，并将联邦基金利率降低50个基本点。当时伯克希尔名下的美国运通公司遭到重创，因为他们在世贸大厦工作的很多员工受伤，另有11名员工遇难，对公司的日常运营造成了影响。另外，花旗集团也在事件中遭受影响，他们有6名高级管理人员遇难。尽管伯克希尔·哈撒韦没有受到直接损失，然而间接损失无法计算。

面对百年未有的灾难，巴菲特需要冷静下来，在"9·11"事件发生当天，他镇定自若地邀请一些知名人士打高尔夫球。9月16日，美国股市重新开盘，巴菲特当天应邀参加哥伦比亚广播公司《60分钟》栏目，目的是给美国的投资者们分析"9·11"事件后股市的变化和对未来的影响。在这期节目中，巴菲特表示不要过分担忧，投资者因此失去信心是不必要的。他说："我不会卖掉任何股票。如果股价跌到足够低的水平，我很有可能再买进一些股票。"

"9·11"事件后，美国经济进入寒冬。从2001年下半年开始，很多高科技公司盈利减少，为了保持利润，不少企业大幅度裁员，导致失业率上升，社会秩序处于不稳定的状态。此外，国际贸易逆差加大,而美国又是一个依靠国内市场拉动经济的国家,所以经济发展速度逐步放缓。到了 2002 年第二季度,增长率仅为 0.2%。美国民众的消费信心也因为恐怖袭击备受打击。2002 年 8 月,美国国民消费指数竟然跌到 1994 年以来的最低水平,由此带来的是股市暴跌,融资难度加大,公司兼并的商业行为越来越少。

如此严峻的经济形势,不得不被美国政府重视,如何恢复消费者和投资者的信心成为政府工作的重中之重。巴菲特接受了鼓舞投资者的任务,他不断地在各大媒体撰文称,他对美国经济和股市充满信心,他通过这场灾难展示出自己积极乐观的精神力量。

巴菲特在伯克希尔的年报中说:"我们在风险承受方面所具有的能力,使得我们在市场中具有其他很多公司无法比拟的优势。伯克希尔·哈撒韦公司拥有雄厚的流动性资源,大量的非保险业务收入,优惠的税收待遇。同时股东也有在收入浮存资金风险方面的承受能力。这种独一无二的优势组合使我们有能力承受任何一个竞争对手所无法承受的损失。随着时间的推移,这些风险将为我们带来可观的利润。"

巴菲特抄底次贷危机

2007 年,美国的次级抵押信贷引发了一场金融危机,波及范围之广、发展速度之快令不少人始料未及,最终蔓延到全球,而且次贷危机风暴生成的负面消息让全世界的股市都出现了巨大的波动。巴菲特说:"当前的局面比二战以来所有的金融危机都要严重。"

2008年9月15日，华尔街第四大投资银行雷曼兄弟公司宣布申请破产保护，这个消息传出之后，震动了美国的金融界，甚至在某种程度上影响了华尔街未来几年的变化。为了化解危机，美国财政部立即召开会议，商讨是否发放7000亿美元的资金去拯救市场。

雷曼兄弟公司宣告破产后，股市中的大部分人都在抛售持有的股票，但是巴菲特开始陆续建仓优质标的，巴菲特决定拿出50亿美元投资高盛，以每股115美元的价格收购4350万股优先股和认购权证。随后高盛集团董事长贝兰克梵宣布，巴菲特的50亿美元投资成为他们收到的强有力的信任票之一，可见巴菲特在金融界至高的影响力。

2008年1月14日，高盛集团称已经预感到次贷危机的爆发，所以在股市上做空，躲过一劫，然而实际状况却是在其他竞争对手遭遇亏损时，高盛凭借衍生工具在抵押贷款市场维持净空头部分，既躲过了危机，又从中牟取暴利。当然，这一切逃不过巴菲特的法眼，他对美国国内的很多银行都十分了解，他投资高盛，不仅因为它能安全度过次贷危机，更因为他了解高盛内部的运行机制。

与摩根士丹利和美林等同行的发展相比，高盛银行发展速度较慢，股本基础在投资银行中占比也不大，然而高盛行政总裁却认为这是一件好事，因为少量的资本更能让企业做出有效率的决策，竞争对手也认为高盛并没有让资本束缚了公司的发展。对此，巴菲特表示，他希望能找到资本不充分造成的不利，不过他没有找到——高盛的资本运作状况良好。

请大家一定要把握住发生金融危机的难得机会，所以平时就

第八章 投资要有一颗平常心

要对企业多做分析,等金融危机来临的时候可以低位建仓,捡便宜货。

从 2008 年 8 月开始,金融市场的危机造成了全世界股市的震荡,全球很多股民都产生了恐慌情绪,他们盲目地抛售股票,丧失了对股市的投资信心。巴菲特没有被这种负面情绪影响,他将视线投向国外市场,又一次在市场上进行抄底。

2008 年 9 月 28 日,巴菲特投资 18 亿港元购买了在中国香港上市的比亚迪公司 2.25 亿股股票,相当于公司全部股份的 10%,引起了全市场的关注。

比亚迪公司被称为中国的电池大王,也是一家汽车生产商。巴菲特巨资入股的行为让比亚迪感到十分意外,因为有巴菲特的加入,势必会让公司的发展前景更被看好。当然,巴菲特从不做赔本的生意,他选择比亚迪是因为看到了被别人忽视的发展空间。当时比亚迪的业务已经包括汽车和 IT 两大领域,且具有全球最先进的新能源汽车制造技术。比亚迪董事长王传福认为,比亚迪会成为未来全球第一的汽车制造商。

目前,汽车行业的龙头依然被通用、丰田等老牌企业占据,然而这些企业的制造技术少有创新,发动机燃料也是采用石油等传统燃料。在汽车行业未来的发展中,比亚迪很可能会将传统格局颠覆,因为比亚迪是采用新发动机技术的倡导者和实践者,这是对汽车发动机的划时代的改革。

正因为看中了比亚迪的发展潜力,巴菲特才决定投资。2008 年 9 月,比亚迪的股价从每股 70 多港元下跌到不足 8 港元,达到了历史最低,市值缩水大约 90%。当然,这并非公司自身经营出了问题,而是受到股市环境的影响,毕竟两倍多的市盈率还是可以充分证明比亚迪公司的投资价值，所以巴菲特还是对比亚迪充满信心。

虽然巴菲特在最近几年没有收购任何一家公司，不过他会通过购买股票的方式进行投资。在次贷危机中，巴菲特购买了10多家公司的股票，才让伯克希尔·哈撒韦安然无恙。

我列举了巴菲特管理的伯克希尔·哈撒韦五次股票价格巨量下跌（回撤），同时分析了20世纪80年代全球股灾、"9·11"事件、次贷危机这三个股票市场的历史时刻，现在你应该对如何面对回撤有了自己的理解。

第二节　巴菲特如何构建自己的长期投资计划

本书前面几章，我已经讲解过我的长期投资法，以及通过长期投资法选择标的建立的长期投资账户。这一节我想跟大家分享巴菲特对于可口可乐和吉列的长期投资计划。

巴菲特小时候就通过售卖可口可乐赚到过零花钱，他自己可能都没有想过，若干年后当他长大成人，投资了很多优秀企业后，在将近60岁的高龄开始投资这家让他小时候赚过零用钱的伟大企业。兜兜转转大半生，要找的伟大企业就一直在自己身边。所以请大家一定先从自己身边了解的行业开始研究学习，从而发现属于你的可口可乐。巴菲特通过多年的投资经验，确定了自己的能力圈，从1987年到1990年，可口可乐公司业绩不断下滑，股票年均增长率下降，为巴菲特大量购买股票创造了条件。因为有巴菲特建仓可口可乐的市场正面信号释放，也帮助可口可乐重新开始复苏。

第八章 投资要有一颗平常心

巴菲特的投资理念是以永恒的价值作为是否投资的决策点，他深知可口可乐股票的实际价值和发展潜力，所以才不惜大手笔投资。当然，为了佐证这个投资的正确性，他花费了几个月的时间进行考察，从 1988 年到 1989 年，巴菲特悄悄下达购买命令，直到他最终实现了对可口可乐公司 10 多亿美元的投资。他在 1994 年继续追加投资，让伯克希尔·哈撒韦拥有可口可乐的股份超过了 1 亿股，如果按照分股比例，能够达到 2 亿股。这对巴菲特来说是一笔巨大的财富，也为他后来再度崛起奠定了坚实的基础。

巴菲特对自己投资的企业是发自内心地热爱。有人问他可口可乐究竟有多大价值，巴菲特说："如果给我 1000 亿美元，同时让我放弃可口可乐在市场上的领先地位，我会把钱还给你，说不可能！"

巴菲特一直信奉找准投资时机的理念，特别是在经济下滑的阶段，他总是会选择那些信誉高且具备长期投资价值的公司，就像他大手笔投资可口可乐一样。20 世纪 80 年代中后期，巴菲特看中了一家名叫吉列的公司。

吉列公司以生产剃须刀为主营业务，当时在全美市场中占据重要份额，然而进入 20 世纪 80 年代以后，新型产品的出现冲击了吉列剃须刀的市场占有率，经济效益每况愈下。

吉列公司的逆境让巴菲特眼前一亮，他认为经济效益很差的时候恰好是收购一家企业的时机，如果企业生命力顽强，那么抗风险的能力就很强，能够适应恶劣的市场环境，随时会逆境重生、转危为安，这样就无法对其进行收购。当然，其他投机者也深谙这个道理，所以他一旦选定目标，就必须马上出手。

1988年,吉列公司的股权中有55%被投资商控制,后来为了避免企业自主权被剥夺,吉列公司拿出1900万美元买回了19%,并将外面的股份控制在36%,确保吉列公司拥有绝对的控制权。后来经济状况恶化,不少投机商想要趁机并购吉列公司。1986年,露华浓总裁佩雷尔曼三次试探吉列公司,1988年,康妮斯顿合伙人公司也多次表明收购意向,不过吉列公司的高层保持着清醒的头脑,不是出售股权,而是对内进行机构重组,解聘无能力的员工和裁撤一些冗余的部门,不断降低运营成本,同时回购股票,让公司的生存环境得到一定的改善。

从1980年开始,吉列公司在市场上失去了往日的竞争力,巴菲特在伯克希尔·哈撒韦的一次董事会上强调,吉列公司的生意正对他的口味,他已经非常了解对方的经营状况,并有信心对未来的发展做出判断和预测。巴菲特曾经分析了吉列公司1988年的年报,发现它正斥巨资回购股票,巴菲特揣摩出吉列公司十分缺钱,于是打电话给一个吉列公司的股东求证,结果证明了他的推测,于是他通过这位股东向吉列公司的董事会传达他想注资的意向。还在墨西哥出差的吉列董事长得知此事后,马上赶往奥马哈与巴菲特见面,双方仅用了几个小时就确定了合作计划。

从这一天开始,巴菲特养成了一个习惯,在每天临睡前都会想着明天会有25亿男士不得不刮胡子,每年全世界要消耗200亿个刀片,如此庞大的刚需市场,带来的注定是可观的回报。

这并非痴人说梦,从吉列公司100多年的发展史中可以看出,它的产品在用户心目中占有很高的地位,构建了十分稳固的消费基础,全球有30%的刀片都来自吉列,甚至在一些国家达到90%的市场占有率。经过市场调研之后,巴菲特认为吉列股票的长期价格低迷，代表的正是一只低价格高价值的股票，必须先投资吉列的优先股。巴菲特拿出 6 亿美元购买了 9900 万股吉列优先股，他的收购阻挡了其他投机者的恶意收购。

1989 年，吉列公司推出了一款能够紧贴面部使用的、舒适的剃须刀，很快占领了市场，随后吉列公司进入高速发展的阶段。2005 年，吉列和宝洁公司合作，一跃成为全球最大的日用消费品企业，交易金额达到 570 亿美元，吉列的股票也以每年 33% 的速度疯涨，股价最终上涨 15 倍，巴菲特获利巨大。

投资吉列是巴菲特投资生涯中最满意的项目之一，从这个商业行动可以看出，巴菲特对于投资理念和操作手段，做到了知行合一。

20 世纪 90 年代中期，美国经济稳步发展，不少大型的跨国公司呈现飞速发展的态势，巴菲特审时度势，调整了他的投资理念，形成了品牌和价值共存的概念。

巴菲特始终将知名企业当作投资目标，他认为只有具备了自主研发能力的企业才具有长期生存的原动力。

其实投资原理一点都不复杂，就是找到优质企业然后等到合理的价格建仓，耐心持有，这件事需要反复做很多年。我通过前面对所投资优质企业的分析，已经把这个最简单的投资原理一步一步地拆解给大家了。同样，我们的股神巴菲特就是这样研究优质企业的，然后等待合理价格，到了位置就分批建仓，后面就是耐心持有很多年。

第三节 避开墨守成规的价值投资

这一节我想总结一些我们在二级市场投资过程中需要避开的

误区,其实投资者犯错是经常发生的事,不仅仅是我们普通人,伟大的投资大师们也同样犯过错,走进过投资的误区。只要我们敢于面对,认真总结和分析,以后的投资之路就会避开这些误区,走入投资的正途。

巴菲特的价值投资一直在影响着我们中国的投资者,但作为一名合格的投资者,我们一定要避开固化的、死板的、墨守成规的价值投资思维。大师们多年沉淀下来的投资精华值得我们反复学习和深入思考,但我们一定要结合我国A股市场真实投资环境,要去不断思考,改良成适合自己的投资方法。

很多人会固化地看待价值投资,认为价值投资就是长期持有,根本不去看企业是强周期还是弱周期。固化地寻找低估值的标的,市场一直在变化,无法通过一个指标去完成投资决策。不可固化地看待基本面,基本面研究非常重要,伴随着我们一生,但我们一定要结合中国市场的大环境、行业政策、企业的商业模式等多个方面去分析基本面,企业的基本面是动态化的,需要我们按照动态的思维做基本面研究工作。

很多人沉迷于计算企业的内在价值,通过极其严格的现金流计算模型,去精准地计算企业的估值,这也是一种墨守成规的体现,估值是个模糊概念,无法被精准计算出来。

即便估值可以被精准计算出来,但是企业的内在价值和股价的偏离程度及持续时间会超出你我的认知,尤其是以波动大著称的A股市场。所以估值只能是我们投资决策的一个重要依据,不可以过度执着于精准计算估值这种行为。价值投资当然要关注企业的安全边际、内在估值、流动性这些基本要素,这些也是巴菲特留给我们的价值投资组成要素。

但在我国A股市场没有那么简单，市场环境极其复杂，尤其我们还需要考虑到很多其他重要影响因素（例如行业政策）我们从书本上学的是基本常识，更是基本原理，不能直接套用来做价值投资，而是要理解其中的原理，结合A股市场去做改良，改良后的方法需要反复验证才能使用。

再来看怎样理解固化的长期持有、寻找低估值和看基本面。

（1）长期持有只是结果，而不是目的。长期持有只是价值投资的某种外在表现形式，有些价值的实现需要时间的积累，有些价值的实现只需要环境的重大变化，所以不能说长期持有就是价值投资，非长期持有就不是价值投资。以2021年教育行业发生的事件来看，难道一直持有才是价值投资吗？一年前高瓴资本创始人张磊先生参加电视节目时说了这样一句话，大概意思是说教育行业是值得一直持有的行业，永不卖出的行业。2021年刚开始没多久，张磊清仓了好未来的股票，后面发生了什么你我应该都知道了。在我看来，这才是价值投资，因为市场一直在变化，企业也一直在变化，不能为了价值投资而价值投资，更不能为了长期持有而长期持有。一定要避开墨守成规的价值投资。

（2）购买低估值的股票并不是价值投资回报的持续来源，企业持续给股东创造超额收益才是。特别是在当前的市场情况下，很难找到账面价值低于内在价值的投资标的。比寻找低估值更重要的是理解这只股票为什么被低估，能否从更高的维度上发现长期被低估的优质企业。

（3）很多时候基本面投资往往是趋势投资，是看行业的基本面或经济的周期性，本质上也是博弈性的。我所理解的价值投资，不仅仅要看到生意的商业模式，还要关注管理层自身是否够强大，关注行业政策的变化、生态的变动，这些都会改变企业的商业模式和最终走向。因此，价值投资的前提是对公司进行长期的、动态的追踪，寻找持续给用户创造价值、给投资人创造超额回报的确定性大的优质企业。

第四节　享受投资，热爱生活

很高兴你可以看完整本书，希望我的长期投资方法可以改变你的投资思维，让你跟我一起完成长期投资计划，早日实现财务自由，让我们过一个有意义的人生。如果11年前我没有做10年数据复盘，没有开始思考我的长期投资方法，没有选择跟优质企业共同成长，那我现在也不会有物质上的积累和时间上的自由。

我出生于1986年，我非常感谢贵州茅台、海康威视、海天味业、万华化学、伊利股份、五粮液等这些优秀企业，是它们给我带来了11年前我无法想到的财富积累。

物质基础是实现生活自由的前提，获得物质上的满足不是目的，但能够让我们更独立更自由。我是一个特别清醒的人，我经常会跟年纪与我相仿，但是已经创立伟大企业的同龄人比较，督促自己必须要努力。

我现在可以每天去研究我喜欢的企业，拆解它们背后的商业模式，就像一位企业侦探。一旦有优质企业暂时遇到点小麻烦，二级市场股价开始回落，我这个企业侦探就会马上出动，查看原因，只要企业基本面没有改变，我就会出手让我的财富继续增

第八章 投资要有一颗平常心

值。时间上我可以完全自由安排，只要有网络，我在世界的任何角落都可以工作。

我不需要跟任何人汇报工作，我本人就是自己的老板。同样我也不需要跟任何人社交，我只需要跟我爱的人和爱我的人沟通交流即可。我也随着时间不断积累更多的长期投资经验，这些经验最终都会对我做投资决策起到极具价值的作用。

2020年的新冠肺炎疫情改变了我的一些想法，我开始在抖音上分享投资心得和方法，我希望我的长期投资理念可以影响到更多人，我通过直播分享，吸引到了一群志同道合的朋友们。他（她）们有着如下特征：喜欢分析问题、冷静沉稳、认同慢慢变富、不跟风、不会因为短期利益放弃长远的高额收益。我现在除了享受我的投资和生活以外，还有一群志同道合的小伙伴，跟着我一起完成长期投资计划。我在2021年做了一个三年规划，准备每周拆解两家优质企业，用三年时间把A股的优质企业全部拆解一遍，对于我自己是投资分析的一次三年期总结，对于所有来看我拆解企业直播的朋友们是一次三年期的长期学习计划。我喜欢做持续性的事情，就像我的长期投资方法一样，做一件事就要做到底，做到身心投入。

每个人的人生都只能活一次，为什么不活得精彩一些呢？

不要浪费人生的每一天，如果你认定了投资这条路，我希望你可以尝试长期投资计划。跟着优质的企业共同成长，获取优秀企业带给你的超额收益。

我现在每周都会安排至少两次直播拆解优质企业，不仅仅是可以分享给所有认同的小伙伴，对我自己的投资体系也是一次总结和提升。目前已经拆解完20家优质企业了。

本章作业：分享你在交易中遇到过最难忘的经历。

提交作业请关注微信公众号：亮叔财富观。

回复关键字："第八章作业"。

　　对优质作业，我将赠送我的录播课和经典投资书籍。